W0045027

Vollständige Taschenbuchausgabe Juli 1995
Droemersche Verlagsanstalt Th. Knaur Nachf., München
© 1991 für die deutschsprachige Ausgabe
Müller Rüschlikon Verlags AG, Cham
Titel der Originalausgabe »Bon Appétit«
© 1989 by Suzan Anson
Originalverlag New Chapter Press, Inc., New York
Umschlaggestaltung Adolf Bachmann, Reischach
Umschlagfoto ZEFA, Düsseldorf
Satz und Reproduktion MPM, Wasserburg
Druck und Bindung Clausen & Bosse, Leck
Printed in Germany
ISBN 3-426-82078-1

Suzan Anson

Kochen für den Hund

Gourmet-Küche für den Vierbeiner

Aus dem Amerikanischen von
Hans Sussenburger

Mit Illustrationen von
Bunny Matthews

Für Emily und Raku

Inhaltsverzeichnis

Danksagung

Ich möchte an dieser Stelle Dr. Russell Petro, Dr. Susan Petro und Dr. Regina Schwabe für ihre gründliche Durchsicht des Manuskripts und ihren fachlichen Rat danken. Ebenfalls danken möchte ich Dr. Ben E. Sheffy, Professor für Ernährungswissenschaft am James A. Baker Institute for Animal Health des New York State College of Veterinary Medicine, Cornell University, und Vorsitzender des Unterausschusses Hundeernährung des National Research Council, für aktuelle Informationen über die bei Hundefutterherstellern gängigen Verpackungsangaben. Sue Hamlin vom James A. Baker Institute for Animal Health gebührt Dank für ihre Unterstützung bei der Beschaffung der Ernährungstabellen Dr. Sheffys. Des weiteren möchte ich der National Academy Press für die Überlassung ihrer Ernährungstabellen danken (Nutrient Requirements of Dogs, Revised 1985, © 1985, National Academy of Sciences).

Mein Dank gilt auch allen Freunden, die mich mit Rezepten, Hundegeschichten und Unterstützung bedachten: Joseph Adams, meinem Sohn Rory, Maryanne Furedi, Erin Martin, Sue Hadley, Harriette Podhoretz und Richard Raderman.

Unmöglich durchführbar wäre das Vorhaben ohne meinen Ehemann John Kirkley gewesen, der nicht nur die Ernährungsgrundlage für die Hunde und mich sicherstellt, sondern jederzeit mit Rat, Tat und fachlicher Unterstützung beisteht.

Besonderer Dank gilt Judy Knipe für die Umsetzung der Hunderezepte in die korrekte Kochbuchform. Und schließlich und endlich ist denen, die die Anregung gaben und die Rolle der Vorkoster spielten, für ihre Hundefreunde und ihre grenzenlose Begeisterung für neue Geschmacksvarianten zu danken: Emily, Raku und Jezebel.

Vorwort

Den Einfall für »Das K(n)ochbuch« hatte ich vor einigen Jahren, als wir mit der Renovierung unseres eben erworbenen Hauses, eines arg in Mitleidenschaft gezogenen Einfamilienhauses aus dem letzten Jahrhundert, begannen.

Unser Haushalt bestand damals aus zwei Erwachsenen, einem Jugendlichen, zwei Katzen und den beiden ausgewachsenen Whippets Emily und Raku. Die Katzen, beide von robustem Gemüt, paßten sich der neuen Umgebung sofort an.

Unter dem Eindruck des Schocks, den der Umzug in das ramponierte Haus darstellte, geplagt vom Krach der Handwerker und von Rock-'n'-Roll-Musik, irritiert vom unablässigen Kommen und Gehen der Halbwüchsigen, die auf der eigenen Gitarre ihren Rock-Idolen nacheiferten, verweigerte dagegen die sensible Emily das Futter.

Ich machte mich also daran, Emily zu trösten. Zur Fütterungszeit stand sie geduldig in der in rot, grün-gelb und gelb gehaltenen Küche mit den schmuddeligen Schränken und schaute mit leerem Blick auf die riesigen gelben Pfingstrosen der glänzenden Vinyl-Tapete. Hoffentlich hatte ihr Appetitmangel nichts mit dem Einrichtungsstil zu tun. Ich machte eine Hundefutterdose auf und versuchte, meinen Ekel über den sich breitmachenden durchdringenden Geruch zu verbergen. Während ich die klebrige Masse aus der Dose mit Hundeflocken aus der Tüte vermischte, lockte ich: »Braves Mädel, liebes Emilylein, 's gibt zu essen ... hmmmmmmmm ... braves Mädel. Gutes Mädel.«

Ihre dunkelbraunen Augen sprangen nervös zwischen mir und dem Futter hin und her. Dann wandte sie sich um und stapfte aus der Küche. Wieder stand ich frustriert mit einem nicht angerührten Napf Hundefutter da, dabei war es eine der besten Marken. So magerten wir beide ab.

In der Familie amüsierte man sich darüber. »Aber Mutti, die mag auch gar nichts«, meinte mein Sohn. Mein Mann kaufte im Heimtiergeschäft sämtliche Arten von Dosen- und Fertignahrung, und wir richteten sie für Emily in einer erstaunlichen Vielfalt von Abwandlungen und Kombinationen an – ohne Erfolg. Vielleicht ist das der falsche Weg, überlegten wir, und kauften nun Billigfutter, das so schrecklich roch, daß wir die Küche räumen mußten, solange es dort ungegessen im Napf stand.

Wir wogen die Argumente unnachgiebiger Verhaltenspsychologen ab:

1. Laßt sie doch hungern. Wenn ein Hund nicht frißt, liegt das daran, daß der Halter keine Selbstdisziplin hat. Wird ein Hund erst hungrig genug, frißt er auch.

2. Hunde mögen keine Abwechslung. Wenn man einem Hund Tischreste gibt, wird er verzogen, und seine Verdauung wird ruiniert.

Derweil wurde Emily, die nie kräftig gewesen war, immer magerer, ihre Rippen traten hervor, ihre Hinterhand wurde knochig. Diese alte Hündin lebte nun schon zwölf Jahre bei mir, und ich nahm mir fest vor, sie nicht Hungers sterben zu lassen. Ich würde für sie kochen.

Obwohl mir völlig klar war, daß sie dadurch zu einem unersättlichen Monster mit einer Vorliebe für teure Spezialitäten werden könnte, würde ich eines Tages auch mit Zucchini und Austernsauce auf Hundeflocken experimentieren – und am nächsten Tag mit Spiegelei, Reis und Hähnchen. Welch ein Erfolg! Emily wartete jeden Tag gespannt aufs Essen. Sie wurde fröhlicher, nahm zu und legte wieder ihre alte Lebensfreude an den Tag.

Eines Nachmittags kam einer der Anstreicher, von denen man meinen konnte, sie hätten sich bei uns einquartiert, in die Küche.

»Was kochen Sie denn da?« fragte er. »Das riecht prima!«
Ich hielt inne, denn es war klar, wenn ich ihm sagte, für wen das Essen war, würde sich das anhören, als sei ich nicht ganz normal. Schließlich gestand ich: »Das ist für meinen Hund.«
»Sie kochen für den Hund?« lachte er los.
»Ja«, erwiderte ich mit Entschlossenheit, »ich koche für meinen Hund.«
Er amüsierte sich köstlich, aber meine Verlegenheit beflügelte meine Phantasie bloß noch mehr. Nachts träumte ich, ich sei die Inhaberin des ersten Viersterne-Restaurants für Hunde. Als ich aufwachte, schleckte Emily mir übers Gesicht. Es war Zeit für das Frühstück.

Suzan Anson
Warwick, New York
September 1988

Einführung

Verwöhnen wir doch manchmal unseren Hund; dann sind wir alle glücklich.

Barbara Woodhouse

Die allerersten Hunde waren Selbstversorger, die in den Abfallhaufen der Frühmenschen stöberten und sich ihre Nahrung erjagten. Fertigfutter für Hunde kam erst in diesem Jahrhundert auf. Das ist bedenkenswert: Der Hund als Haustier lebte über mindestens achttausend Jahre ohne Dosenfutter, Trockenfutter und in Folie eingeschweißte gummiartige Häppchen. Und doch nimmt man heutzutage meist an, daß Fertigfutter nicht nur vorzuziehen, sondern unverzichtbar sei.

Wie ging unser ganzes Vertrauen in die Verfütterung von »Menschenessen« oder nahrhaften Tischabfällen und Essensresten verloren? Es überrascht nicht, daß der Verbraucher sich beim Aufkommen von Fertigfutter freute, seine Haustiere auf leichte und bequeme Weise versorgen zu können und das für Haushalte, in denen jeder außer Haus arbeitete, überaus vorteilhaft erschien. Die Hersteller wußten auch, daß die Öffentlichkeit davon überzeugt werden mußte, daß Fertigfutter eine für alle Hunde ausgewogene und nährstoffreiche Ernährung darstellt. Als die Hundefutterindustrie wuchs, schuf und propagierte sie einen neuen Mythos, nämlich den, daß nur ein mit Fertigfutter ernährter Hund sich gut entwickelt und wohlgenährt ist und anderenfalls gar Fehlernährung droht.

Diese Kampagne war erfolgreich. Allmählich gelangten die Hundebesitzer zu der Ansicht, sie seien nur dann imstande, ihren Haustieren eine ausgewogene Ernährung zu bieten, wenn sie dazu auch Fertigfutter heranzögen. Die meisten Menschen haben sogar Angst, ihrem Hund frisch zubereitete Nahrung vorzusetzen – genau jene Nahrung, die sie und ihre Kinder selbst essen.

Aber derzeit geht eine kleine Revolution vor sich, denn gesundheitsbewußte Verbraucher fragen sich zunehmend, ob Fertigfutter nicht vielleicht eine unzureichende Nahrung sei (siehe dazu auch den Anhang). Natürlich hat die Futterindustrie darauf eine Antwort parat: »herausgehobenes« Futter – das heißt neue Aufmachung und neue Vermarktungsstrategien. Damit soll der Gewinn fetter werden, während man Ihnen den gleichen Inhalt wie vorher verkauft (vielleicht einige Vitamine zugesetzt). Die Verpackung ist teurer und verspricht gesündere Ernährung, das Ganze ist gewürzt mit dem Appell an den »Sinn für etwas Besonderes«, und sämtliche Anzeigen für Heimtiernahrung künden lautstark vom »Feinsten« und von »Delikatessen«.

Dabei ist die Vorstellung von Delikateß-Dosenfutter nicht nur lächerlich, sondern bedeutet letztlich, daß das früher angebotene Dosenfutter unzureichend war. »Delikateßfutter« aus der Dose ist nicht einfallsreicher als Dosen-Preiselbeeren mit Frühstücksfleisch zum Erntedankfest.

Trotz der wachsenden Einsicht, daß Fertigfutter vom Nährwertstandpunkt keineswegs vollkommen ist, haben Verbraucher, die für die Familie nur die allerfrischesten Nahrungsmittel einkaufen und »Menschenessen« mit Zusatzstoffen und Konservierungsmitteln unter allen Umständen meiden, keine Bedenken, den Einkaufswagen mit Dosenfutter vollzuladen. Stellen Sie sich einmal die Reaktion Ihrer Familienangehörigen vor, wenn Sie ihnen auf einmal zu allen Mahlzeiten nur noch Dosengerichte und gezuckerte Cornflakes vorsetzen würden!

Es ist eine Ironie, daß wir, die wir zunehmend die Gefahren

von Konservierungsmitteln, Zusatzstoffen, schadstoffhaltigen Sprays und von Antibiotika und Hormonen, die an Vieh verfüttert werden, erkennen, uns immer noch belehren lassen müssen, das unverändert eintönige Dosenfutter für unsere Haustiere sei durch Zusetzen einiger weniger Vitamine erheblich verbessert.

Weil die meisten von uns nun einmal ein hektisches Leben führen, ist es sehr verführerisch, einfach und bequem, eine Dose aufzumachen. Aber tun wir damit wirklich das Beste für unsere Haustiere?

Viele Tierärzte sind der Überzeugung, daß ein beachtlicher Teil der Hundekrankheiten heutzutage auf der Ernährung mit Fertigfutter beruht. Genannt werden hier Allergien, Nierenerkrankungen, stumpfes Fell und Hautprobleme.

Es gibt natürlich eine Reihe angesehener Futterfabrikanten, die hervorragende Fertignahrung herstellen. Es gibt jedoch auch viele, die Futter mit nur einem Mindestmaß an Nährwert, aber vollgestopft mit Füllstoffen und Konservierungsmitteln anbieten. Ein Hund, der die Abfalltonnen hinter einem guten Restaurant durchstöbert, ist weitaus besser ernährt.

Bitte lassen Sie also die irreführende Werbung für Hundefutter unbeachtet. Stellen Sie sich vor, daß Sie diese übelriechende, klebrige Pampe auf Ihrer eigenen Gabel haben! Nicht sonderlich appetitanregend. Denken Sie an Ihr Tier, das Sie gerne haben und daran, wie gut es ihm geht, wenn es mit nährstoffreichem Essen versorgt wird. Fassen Sie ein wenig Mut, eignen Sie sich ein paar Grundprinzipien an, und erforschen Sie dann die Welt der feinen Küche für den Hund.

Von Hunden und Menschen

Hund, Katze, Waschbär, Wiesel, Hyäne und Bär, sie alle besitzen einen gemeinsamen Ahnen, nämlich den Miacis, ein Fleischfresser, der vor über fünfzig Millionen Jahren seine größte Verbreitung besaß. Nach einer Evolution von weiteren fünfzehn Millionen Jahren tauchte der Cynodictis auf, der als der eigentliche Urvorfahr des Hundes angesehen wird. Zur Gattung Cynodictis gehörten etwa vierzig verschiedene hundeartige Tiere, einige davon recht außergewöhnliche Mischformen: So gab es katzenartige Hunde, bärenartige Hunde und hyänenartige Hunde. Der echte Hund entstand vor fünf bis sieben Millionen Jahren und war ein wolfähnlicher, gut für Jagd und Beutefang angepaßter Zehengänger. Vor nur einer knappen Million Jahren zog der frühe Wolf durch Eurasien, jener Wolf, der nach Ansicht der meisten Experten der direkte Ahnherr des heutigen Wolfs und des heutigen Hundes ist.

Obwohl niemand den genauen Ablauf kennt, steht fest, daß vor etwa 12 000 Jahren einige Wölfe durch Sozialisierung und Züchtung domestiziert wurden und sich zum Hund weiterentwickelten. Als der Mensch seßhaft geworden war und mit dem Ackerbau begann, wurde der Hund in das Dorfleben einbezogen und diente zum Hüten von Vieh und als Jagdgehilfe.

Bereits früh entstanden zwei Arten von Hunden: Begleit- und Gebrauchshunde sowie für die Nahrungsgewinnung gehaltene Hunde. Heute gibt es über 300 Hunderassen, von denen etwa 200 offiziell von den meisten internationalen Hundezüchterverbänden anerkannt sind. Von diesen sind wiederum etwa 100 »verbreitete« Rassen, während man nur ungefähr fünfzig als populär bezeichnen kann. Die große Vielfalt der heutigen Hunderassen ist das Ergebnis von etwa 4000 Hundegenerationen Züchtung – beginnend etwa um 8000 vor Christus.

In Dänemark fanden sich bei archäologischen Ausgrabungen 10 000 Jahre alte Hundezähne, die belegen, daß der Mensch sorgfältig Tiere mit kleinerem Fang auswählte und züchtete.

Im irakischen Jarmo fanden Archäologen die ersten Darstellungen von Hunden in Form kleiner Tonfiguren. Einige dieser Statuetten besitzen eine gebogene Rute oder weisen eine gedrungene Körperform auf. Diese Merkmale wurden vermutlich angezüchtet, um die Hunde vom Wolf zu unterscheiden.

Eine Vielzahl von Hunderassen, darunter einige dem Windhund ähnliche, sind auf ägyptischen Grabmalereien abgebildet. In ägyptischen Gräbern wurden Hundemumien entdeckt, die darauf hinweisen, daß Hunde als reine Begleithunde gehalten und als wertvoll genug erachtet wurden, um ihren Herrn in das Leben nach dem Tode zu begleiten.

Ein ganzer Hundefriedhof, der von ungefähr 500 vor Christus datiert, mit Einzelgräbern von etwa 120 Hunden wurde im ca. 50 km südlich von Tel Aviv gelegenen Aschkelon entdeckt. Man glaubt, daß es sich bei diesen Hunden um die ersten Jagdhunde des persischen und phönizischen Adels handelt.

Die Römer züchteten in ihrem gesamten Reich eine Reihe von Reinrassen, darunter Dachshund, Saluki, Schlittenhunde (auf Wikingergebiet), Terrier und Schoßhunde. Doggenähnliche Hunde, die die Ahnen des Bernhardiners und der Dänischen Dogge sind, begleiteten die Römer bei der Überquerung der Alpen.

In China war es Sitte, junge Hunde, kurz bevor sie erwachsen wurden und daher noch zartfleischig waren, zu verspeisen. Hundefell war ebenfalls geschätzt, und Hunde wurden um ihres Pelzes willen gezüchtet. Als Teil der Aussteuer erhielten chinesische Bräute Zuchttiere zur Zucht langhaariger Rassen. Zwerghunde wurden bis vor nur

1000 Jahren als Begleithunde für den Adel gezüchtet. Aus diesen gedrungenen, auch »Taschenhunde« genannten Geschöpfen entstanden der Pekinese und der Lhasa-Apso. Etwa zur gleichen Zeit tauchten Zwerghunde auch in anderen Teilen der Welt auf, beispielsweise der Italienische Windhund.

Nach Nordamerika kam der Hund vermutlich über die Beringstraße aus Asien. Die frühesten Überreste der ersten domestizierten Hunde Nordamerikas fanden sich in der Ausgrabungsstätte Jaguar Cave im Birch Creek Valley, Idaho, und wurden auf 10 500 bis 8300 vor Christus datiert.

Im Verlauf ihres Lebens unter den Menschen und über Generationen intensiver Züchtung hat bei verschiedenen Hundearten eine hochgradige Spezialisierung der Sinnesorgane stattgefunden. Zu den Hunden mit hochgezüchtetem Sehsinn, deren Stärke darin liegt, Dinge über große Entfernungen zu sehen, gehören Greyhound, Afghane, Saluki und Whippet. Spürhunde, jene hartnäckigen Aufspürer von Menschen und Wild, von Sprengstoff und Drogen, zeichnen sich durch ihren hochentwickelten Geruchssinn aus.

Einige der bekanntesten Schweißhunde sind Bluthund, Basset und Golden Retriever.

Pflege und Fütterung

1. Grundlegendes über die Ernährung

> Von der Qualität her benötigt der
> Hund grundsätzlich die gleichen
> Nährstoffe wie der Mensch.
>
> *American Kennel Club Complete Dog Book*

Im Verlauf seines Lebens unterliegen der Appetit und der Nährstoffbedarf des Hundes einem ständigen Wandel, ganz ähnlich wie bei uns Menschen. Dabei spielen Alter, körperliche Aktivität, Umgebung, Temperament, Gesundheitszustand und Fortpflanzungszyklus eine Rolle.
Wildhunde sind wie ihre Vorfahren, die Kojoten, Jäger und beziehen ihre Nahrung aus frisch erlegter Beute. Interessant ist jedoch, welche Teile des Beutetiers der wildlebende Hund zuerst verzehrt: Er beginnt mit den Weichteilen des Bauches und frißt die Innereien – Organe und Gedärm. Da die meisten seiner Beutetiere Pflanzenfresser sind, verzehrt der Hund zusammen mit dem Fleisch einen erheblichen Anteil an pflanzlichen Stoffen. Demnach benötigt der Hund, obwohl er ein Fleischfresser ist, eine nach menschlicher Ausdrucksweise ausgewogene Ernährung. Die ausschließliche Ernährung von Fleisch kann zum sogenannten »Fleischsyndrom«, einer gefährlichen Unterversorgung mit Calcium und Phosphor führen. Diese Mangelversorgung kann Gelenkkrankheiten, brüchige, schon unter seinem eigenen Körpergewicht brechende Knochen, Gewichtseinbuße, Durchfall und ein stumpfes Fell zur Folge haben. Hunde brauchen tatsächlich die gleichen Nähr-

stoffe wie wir, nämlich Eiweiß, Fett und Kohlenhydrate, und zwar auch in annähernd gleichem Anteil an der Tageskalorienzufuhr:

Richtwerte für die Nährstoffanteile in Hundefutter:

	Ausgewachsen, keine große körperliche Anstrengung	Junger erwachsener Hund; trächtige Hündin; ausgewachsener arbeitender oder gestreßter Hund	Welpe und stillende Hündin
Eiweiß*	16%	20%	24%
Fett	10%	12%	14%
Kohlenhydrate	44%	38%	32%
Durch Eiweiß gedeckte Kalorienzufuhr	20%	24%	28%
Vitamine und Mineralstoffe	A	B	C

* Die Angaben gelten für qualitativ hochwertiges Eiweiß. Für Eiweiß durchschnittlicher Qualität erhöhen sich die Werte um zwei bis drei Prozent.
A. Vom National Research Council empfohlener Richtwert.
B. Werte von A plus 10%.
C. Werte von A plus 20%.
Übersicht Dr. Ben E. Sheffy, James A. Baker, Institute for Animal Health, Cornell University.

Protein

Eiweiß, das unbedingt in der Nahrung des Hundes enthalten sein muß, liefert etwa 25 Aminosäuren, die notwendig sind für das Wachstum, die Wiederherstellung und die Erhaltung gesunder Muskeln, Knochen und innerer Organe. Fachleute raten, daß 15 bis 30 Prozent der Gesamtkalorienzufuhr in Form von Eiweiß erfolgen sollen. Der Nationale Forschungsrat (National Research Council) ist ein Gremium der amerikanischen Akademie der Wissenschaften und zuständig für die Erstellung von Richtlinien, mit denen die Mindestmengen der für Wachstum, Fortpflanzung, Stillen und körperliche Anstrengung erforderlichen Nährstoffe bestimmt werden, und zwar sowohl für Haustiere als auch für deren Halter. Nach Erkenntnissen des National Research Council wird der Eiweißbedarf von der Verdaubarkeit und vom Kaloriengehalt der Nahrung, von den körperlichen Eigenschaften des Hundes und von der Zusammensetzung der Aminosäuren in der Nahrung beeinflußt.*

a) Rohes und gekochtes Fleisch
Rohes Fleisch als Teil der Hundenahrung ist nicht ohne Gefahren. Ungekochtes Fleisch kann Träger von Parasiten, Bakterien und Viren sein. Hunde haben zwar einen widerstandsfähigen Magen und können Dinge verdauen, die ein Mensch nicht verdauen kann, wenn die Nahrung jedoch bakterienverseucht ist, kann daraus eine Nahrungsmittelvergiftung resultieren. Welpen können an den Folgen des Genusses verdorbener Nahrung sterben. Um möglicherweise darin enthaltene Parasiten, etwa Trichinen und Wurmfinnen, abzutöten, sollte Fleisch abgekocht werden. Geflügel sollte ebenfalls gut abgekocht werden, um eine Salmonellenverseuchung der Nahrung zu verhindern.
Geben Sie möglichst viele verschiedene Fleischsorten und auch Innereien. Leber mögen Hunde sehr, sie wird von vielen Züchtern empfohlen. Da in der Leber aber viele Gift- und Schadstoffe abgelagert werden, sollte sie immer nur im Wechsel mit anderer Nahrung und auch dann nur gelegentlich gefüttert werden.

* *Aus NCR, »Nutrient Requirements of Dogs, Revised 1985«, © 1985, National Academy Press. National Academy of Sciences.*

b) Eier

Das Ei ist eines der vollkommensten Nahrungsmittel der Natur. Rohe Eier waren eine Lieblingsnahrung meiner Hündin Emily, bevor sie von uns ging. Viele wildlebende Raubtiere suchen den Hühnerstall aus dem gleichen Antrieb wie Emily heim. Wissenschaftliche Untersuchungen deuten jedoch darauf hin, daß rohes Hühnereiweiß einen Biotin-Mangel verursachen kann, der wiederum zu Störungen des Nervensystems und auch zu Fellproblemen führen kann. Zwar müßte man eine erhebliche Menge roher Eier über einen langen Zeitraum geben, um eine solche Störung hervorzurufen, am besten geht man aber auf Nummer sicher und kocht oder brät die Eier. Hunde mögen sie als Rühreier, verlorene Eier und als Spiegeleier.

c) Milch

Die meisten Tierärzte empfehlen, nach Entwöhnung des Welpen von der Mutter keine Milch mehr zu geben, da anzunehmen ist, daß der Welpe die erforderlichen Nährstoffe mit der anderen Nahrung aufnimmt. Manche Hunde vertragen keine Lactose, das heißt, sie können Milch nicht richtig verdauen und leiden dann möglicherweise unter Blähungen und Durchfall. Da jedoch auf Bauernhöfen Hunde oft Kuhmilch bekommen, ohne je eine Unverträglichkeit zu entwickeln, könnte es sein, daß die Pasteurisierung schuld ist, denn sie verändert den chemischen Aufbau der Milch und vernichtet Enzyme und Bakterien. Wenn Sie in den Speiseplan Ihres Hundes auch Milch aufnehmen möchten, versuchen Sie es mit Vorzugsmilch (Rohmilch) und Ziegenmilch. Bei veredelten Milchprodukten wie Joghurt, Buttermilch und Käse ist die Lactose durch Bakterieneinwirkung verändert, so daß solche Produkte in der Regel gut vertragen werden.

Fett

Fett ist eine hochkonzentrierte Energiequelle. Handelsübliches Hundefutter enthält zumeist zwischen 4 und 10 Prozent Fett, für die optimale Energiezufuhr kann Ihr Hund jedoch einen Fettanteil von bis zu 30 Prozent benötigen. Fett ist notwendig, um Fell und Haut gesund zu halten und damit das Nervensystem in einem guten Zustand bleibt. Fett kann vollständig verwertet werden und verbessert den Geschmack der meisten anderen Nahrungsmittel.

Hunde, die nur in begrenztem Umfang mit Eiweiß versorgt werden, können ihren Energiebedarf durch Fett im Futter decken, außerdem werden dadurch Leber und Nieren entlastet.

Kohlenhydrate

Kohlenhydrate sind die Hauptenergiequelle und können bis zu 60 Prozent des täglichen Kalorienbedarfs eines Hundes decken. Es sollten bevorzugt komplexe Kohlenhydrate (Polysaccharide) gefüttert werden. Diese sind in Weizen und Getreideprodukten, Reis, Kartoffeln und anderen stärkehaltigen Gemüsen (getrockneten Hülsenfrüchten wie Bohnen und Linsen) enthalten. Zu den einfachen Kohlenhydraten gehören die Saccharose (Zucker) und die Lactose (Milchzucker).

Vitamine und Mineralstoffe

Vitamine sind für Wachstum und Wohlbefinden Ihres Hundes notwendig. Wenn Sie unsicher über die richtigen Mengen sind, wenden Sie sich an Ihren Tierarzt. Erstaunlicherweise können Hunde, im Gegensatz zum Menschen, Vitamin C selbst herstellen. Viele Fachleute sind jedoch der Ansicht, große Hunde könnten ihren Bedarf an diesem Vitamin nicht auf natürlichem Weg decken und empfehlen daher die Gabe von ergänzendem Vitamin C.

Mineralstoffe dienen in Verbindung mit Vitaminen zur Bildung lebenswichtiger Enzyme. Der Nationale Forschungsrat hat für einige Mineralstoffe spezielle Richtlinien veröffentlicht: Calcium, Phosphor, Kalium, Magnesium, Mangan, Eisen, Kupfer, Jod, Zink, Natrium und Selen.

Kochsalz

Der Hund braucht Salz zur Regelung seines Flüssigkeitshaushalts und zur Vermeidung von Wasseransammlungen im Gewebe bzw. von zu starker Entwässerung. Ein herzkranker Hund wird normalerweise auf salzarme Kost gesetzt. Wenn Ihr Hund eine ausgewogene Kost erhält, ist kein Nachsalzen notwendig. Im K(n)ochbuch wird Salz zum Abschmecken verwendet, also wirklich nur als winzige Prise, um den natürlichen Geschmack der Nahrungsmittel hervorzuheben.

Mindestnährstoffbedarf eines Hundes im Wachstum und als ausgewachsenes Tier (Mengenangaben pro kg Körpergewicht und Tag)[1]:

Nährstoff	Einheit	Wachstum[2]	Erwachsen[3]
Fett	g	2,7	1,0
Linolsäure	mg	540	200
Eiweiß[4]			
Arginin	mg	274	21

Nährstoff	Einheit	Wachstum[2]	Erwachsen[3]
Histidin	mg	98	22
Isoleucin	mg	196	48
Leucin	mg	318	84
Lysin	mg	280	50
Methionin-Cystin	mg	212	30
Phenylalanin-Tyrosin	mg	390	86
Threonin	mg	254	44
Tryptophan	mg	82	13
Valin	mg	210	60
Nicht-essentielle Aminosäuren	mg	3,414	1,266
Mineralstoffe			
Calcium	mg	320	119
Phosphor	mg	240	89
Kalium	mg	240	89
Natrium	mg	30	11
Chlor	mg	46	17
Magnesium	mg	22	8,2
Eisen	mg	1,74	0,65
Kupfer	mg	0,16	0,06
Mangan	mg	0,28	0,10
Zink	mg	1,94	0,72
Jod	mg	0,032	0,012
Selen	µg	6,0	2,2
Vitamine			
A	IU	202	75
D	IU	22	8
E[5]	IU	1,2	0,5
K[6]			
Thiamin (B₁)	µg	54	20
Riboflavin (B₂)	µg	100	50
Pantothensäure	µg	400	200

Nährstoff	Einheit	Wachstum[2]	Erwachsen[3]
Niacin	µg	450	225
Pyridoxin (B$_6$)	µg	60	22
Folsäure	µg	8	4
Biotin[6] B$_{12}$	µg	1,0	0,5
Cholin	mg	50	25

[1] Bedarfsanalysen für andere physiologische Bedingungen wurden nicht durchgeführt.

[2] Bezogen auf durchschnittlichen Beagle-Welpen im Wachstum (3 kg Körpergewicht) mit einer Energiezufuhr von 600 kcal/Tag.

[3] Bezogen auf durchschnittlichen erwachsenen Beagle (10 kg) mit einer Energiezufuhr von 742 kcal/Tag.

[4] So berechnet, daß damit die nachstehenden Mengen essentieller und nicht-essentieller Aminosäuren zugeführt werden.

[5] Versorgung hängt ab von der Zufuhr von mehrfach ungesättigten Fettsäuren und sonstigen Antioxidanten. Bei hoher Zufuhr mehrfach ungesättigter Fettsäuren kann eine um das Fünffache erhöhte Gabe angezeigt sein.

[6] Für Stoffwechsel des Hundes erforderlich, bei Fütterung mit natürlichen Nahrungsmitteln war keine bestimmte Gabe angezeigt.

»Nutrient Requirements of Dogs, Revised 1985« © 1985, Nachdruck mit freundlicher Genehmigung der National Academy of Sciences.

Ergänzungspräparate

So wie viele von uns zusätzlich Vitamine und Mineralstoffe einnehmen, und dies manchmal in stark schwankenden oder überhöhten Dosen, statt die Kost ausgewogen zu gestalten, können wir auch unserem Hund »helfen«. Wenn Sie an dem einen oder anderen Arbeitstag erst zu nachtschlafener Zeit nach Hause kommen, tut Ihnen Ihr Hund vielleicht leid – er bekommt weder genug Zuwendung noch genug Bewegung, ganz zu schweigen von der arg überdehnten Blase des Vierbeiners.

Und wie lindern Sie diese Schuldgefühle? Mit Vitaminen

natürlich! Schnell ein paar Vitamine ins Hundefutter, und der Mensch fühlt sich wieder wohl. Allerdings bringt man dadurch leicht den Stoffwechsel des Hundes durcheinander, es sei denn, der Hund hat einen echten Vitaminmangel und man berechnet seinen Bedarf sorgfältig.

Ebenso wie Ärzte sich nicht über ergänzende Gaben für Menschen einigen können, finden auch Hundefachleute keine Übereinstimmung. Wenn ergänzende Gaben notwendig sind, ziehen Sie Ihren Tierarzt zu Rate und lassen sich von ihm empfehlen, welche Substanzen in welcher Dosierung verabreicht werden sollten. Die beste Lösung bieten dabei nach veterinärmedizinischen Gesichtspunkten zusammengestellte Präparate.

Der gesunde Menschenverstand sagt uns, daß eine abwechslungsreiche Kost aus frischen Nahrungsmitteln in aller Regel die Ernährungsbedürfnisse von uns Menschen deckt – dasselbe gilt auch für Hunde. Der Schlüssel hierbei ist »frisch«. Und das bedeutet von vorneherein schon, daß fast kein Fertigfutter in Frage kommt.

Ballaststoffe

Die bei gesundheitsbewußten Hundebesitzern für ihre eigene Ernährung beliebten Ballaststoffe sind auch für die Gesundheit des Hundes wichtig und sollten in der Kost eines gesunden Hundes einen Anteil von etwa 5 Prozent ausmachen. Gute Quellen für Ballaststoffe sind Vollkornprodukte, Kleie und frisches, knackiges Gemüse.

Ein Wort zu Knochen

Jeder Hund kaut gerne. Knochen können stundenlang Freude bereiten und auch die Entfernung von Zahnstein unterstützen. Die Wahl der richtigen Knochen ist wichtig für das Wohlergehen Ihres Hundes. Die meisten Knochen bringen erhebliche Nebenwirkungen mit sich. Beispielsweise können sich Knochensplitter im Dickdarm ansammeln und eine schwere Verstopfung verursachen. Kurze, runde Knochen können sich unglücklich in Hals oder Kehle des Hundes festsetzen und einen operativen Eingriff notwendig machen.

Sichere Ersatzmöglichkeiten bieten künstliche Kauknochen oder natürliche Kauknochen aus roher Haut. Manche Hunde reagieren jedoch auf diese rohe Haut mit Erbrechen und Durchfall. Ganz gleich, wie groß ein echter Knochen sein und wie unproblematisch er erscheinen mag, ein entschlossener Hund mit kräftigem Biß zersplittert jeden noch so großen Naturknochen. Kurzum, geben Sie Ihrem Hund seiner Sicherheit und seinem Wohlergehen zuliebe nie echte Knochen.

Besondere Ernährungserfordernisse

a) Zusätzlicher Eiweißbedarf

Eine sehr eiweißreiche Kost benötigen trächtige Hündinnen, Welpen im ersten Lebensjahr, da sie stark wachsen, sowie stark seelisch belastete Hunde und Tiere in der Genesungsphase. Eine Reihe handelsüblicher Hundekuchensorten besitzen einen Eiweißgehalt von etwa 30 Prozent zur Deckung dieses erhöhten Bedarfs. Auch sehr kaltes Wetter und große Hitze bewirken einen höheren Eiweißbedarf des Hundes. In der kalten Jahreszeit sind zusätzliche Kalorien notwendig, damit der Hund sein Gewicht halten kann. Hunde, die ständig im Freien sind oder nachts draußen schlafen, haben einen höheren Kalorienbedarf als im Haus untergebrachte.

b) Trächtige Hündinnen

Ab der fünften Woche sollten Hündinnen ein Drittel bis die Hälfte mehr Futter, das auch qualitativ hochwertiges Eiweiß enthält, als sonst bekommen. Im weiteren Verlauf der Tragezeit sollten lieber kleinere, aber dafür häufigere Mahlzeiten verabreicht werden, um das Wohlbefinden der Hündin zu sichern, während die Welpen heranwachsen. Sie sollten dann auch ein vom Tierarzt verschriebenes Präparat mit Vitaminen und Mineralstoffen geben.

c) Verwaiste Neugeborene

Verwenden Sie für verwaiste Neugeborene, die noch nicht entwöhnt sind, ein handelsübliches Säuglingspräparat, oder bereiten Sie die Nahrung selbst zu. Für die Zubereitung Ihrer eigenen Welpennahrung geben Sie 280 ml Kondensmilch, 60 ml warmes Wasser, 2 Tl Eiweißpulver und 2 Eigelb in einen Mixer. Rühren Sie die Zutaten zu einer homogenen Mischung, und füttern Sie den Welpen damit. Eiweißpulver ist im Reformhaus erhältlich, wobei am besten ein auf Milch und Eiern basierendes Pulver (Casein, Eieralbumin bzw. Milchalbumin) zu verwenden ist, um die Versorgung mit den notwendigen Aminosäuren sicherzustellen. Nicht alle Welpen vertragen Kuhmilch, und bei einigen führen Milchersatzstoffe zu Verstopfung.

d) Jungwelpen

Ab Mitte der dritten Lebenswoche können Welpen umgestellt werden und zweimal am Tag einen Brei aus Milch und Babyflocken erhalten. Der Welpe nimmt die neue Kost leichter an, wenn Sie zuerst ein wenig davon auf einen Finger nehmen und ihn das ablecken lassen.

Später können Sie ihm dann Brei aus Getreideflocken, handelsübliches wachstumsförderndes Welpenfutter und Milch geben.

e) Alte Hunde

Manche Hunde werden zwanzig Jahre, andere nur halb so alt, aber die Lebensspanne der meisten Hunde liegt bei zehn bis fünfzehn Jahren. Wie alt Ihr Hund wird, hängt von vielen Faktoren ab: Rasse, genetische Veranlagung und äußere Einflüsse, darunter auch das Futter.

Tips zur Fütterung alter Hunde

* Geben Sie keine schwer verdaulichen Nahrungsmittel, d. h. stark gewürzte, zu fette oder gesalzene.
* Ersetzen Sie Rind- und Schweinefleisch bzw. tierische Nebenerzeugnisse durch Huhn oder Fisch mit Reis.

Hundejahre	Menschenjahre	Hundejahre	Menschenjahre
1	15	10	56
2	24	11	60
3	28	12	64
4	32	13	68
5	36	14	72
6	40	15	76
7	44	16	80
8	48	17	84
9	52	18	88

Mit freundlicher Genehmigung von Russelt Petro, D.V.M.

Auf die erbliche Veranlagung Ihres Hundes besitzen Sie keinen Einfluß, wohl aber auf Faktoren, die mit der Nahrung und den Lebensumständen zu tun haben. Ältere Hunde sollten regelmäßig vom Tierarzt untersucht werden, um altersbedingte Probleme, von denen es eine ganze Reihe gibt, festzustellen bzw. zu überwachen.

f) Seelisch belastete, kranke und genesende Hunde

Seelisch stark belastete Hunde, sei es durch Umzug, Hundeausstellung, familiäre Umstellungen oder Krankheit, besitzen einen erhöhten Nährstoffbedarf. Außer dem erhöhten Kalorienbedarf kann bei belasteten Hunden die zusätzliche Gabe von Vitamin- und Mineralstoffpräparaten erforderlich sein.

Hundestreß-Checkliste
* unglücklicher Besitzer,
* Familienzwist,
* Kupieren der Rute,
* Kupieren der Ohren,
* Operation,
* kürzlicher Umzug,
* Impfung,
* neues Haushaltsmitglied,
* Verlust eines Haushaltsangehörigen, einschließlich eines anderen Haustiers,
* Haustier krank oder behindert,
* neuer Lebensrhythmus im Haushalt,
* Störung des Haushaltsrhythmus (Bauarbeiten, Renovierung),
* Verlust eines Privilegs,
* Zwingeraufenthalt.

2. Die Fütterung

a) Wieviel?
Erwachsene Hunde, die auf sich selbst gestellt sind, essen, wenn sie hungrig sind, und zwar nur soviel, daß sie satt sind, ohne sich zu überfressen oder fett zu werden. Es bleibt jedoch die Frage: Wieviel soll man dem Hund vorsetzen? Der amerikanische Hundezüchterverband (American Kennel Club) zitiert dazu den alten Sinnspruch: »Das Auge des Herrn bestimmt das Futter des Hundes« und emp-

fiehlt, erwachsene Hunde einmal oder, besser noch, zweimal täglich zu füttern. Wie setzt man das nun in die Kalorienzahl um?

Kleinere Hunde verbrauchen pro Pfund Körpergewicht mehr Kalorien als größere Rassen. Ein ca. 10 Pfund schwerer Hund verbraucht etwa 46 Kalorien pro Pfund Körpergewicht, während ein größerer Hund (50 bis 75 Pfund) etwa 29 Kalorien pro Pfund Körpergewicht benötigt. Selbstverständlich beeinflussen auch Alter, körperliche Verfassung, Lebensweise und Rasse den Tageskalorienbedarf.

Als ebenso wichtig empfiehlt der American Kennel Club, einen Fütterungszeitplan aufzustellen und sich daran zu halten.

Welpen brauchen viermal soviel Kalorien wie ein ausgewachsener Hund. Mancher Hundehalter füttert seinen Welpen unwissentlich übermäßig, damit er den für die Rasse größten Wuchs erreicht. Am besten ist es, den Welpen unbeeinflußt wachsen zu lassen, da Überfütterung später beim erwachsenen Hund Mitursache für Krankheiten sein kann.

Klimatische Faktoren beeinflussen ebenfalls den Nahrungsbedarf des Hundes. Bei sehr kaltem Wetter muß ein Hund mehr Nahrung aufnehmen, um sein Gewicht zu halten. In sehr warmem Klima mag ein Hund weniger fressen, benötigt dabei aber trotzdem die gleiche Menge Eiweiß wie in moderaterem Klima.

Kranke Hunde und solche, die sich gerade von einer Operation, von Unterernährung oder von einer Krankheit erholen, sollten kleinere Futtermengen erhalten, die das Verdauungssystem nicht überfordern, beispielsweise Reis, Huhn und nahrhafte Brühe. Die Nahrungsmenge kann dann langsam gesteigert werden, um den Hund auf das richtige Gewicht zu bringen.

b) Wann?

Manche Hundehalter stellen den ganzen Tag Trockenfutter bereit, andere füttern nach Bedarf, aber die meisten haben sich angewöhnt, den Hund einmal oder zweimal täglich zu füttern. Regelmäßigkeit ist für die meisten Menschen beruhigend, und auch Hunde schätzen Stetigkeit im Leben; füttern Sie Ihren Hund also immer zur gleichen Zeit und am selben Ort. Diese Beständigkeit trägt auch dazu bei, den Ausscheidungszyklus regelmäßig zu gestalten.

Hat ein Hund nach einer halben Stunde noch nicht alles aufgegessen, ist er in der Regel satt. Die Reste sollten zugedeckt im Kühlschrank aufbewahrt werden.

Schwächliche Welpen müssen unter Umständen alle zwei bis drei Stunden separat gefüttert werden. Besondere Fläschchen dafür erhalten Sie beim Tierarzt.

Welpen ab der siebten bis zwölften Woche sollten viermal pro Tag gefüttert werden. Für junge Hunde zwischen zwölf Wochen und sechs Monaten ist täglich dreimaliges Füttern am besten, und vom sechsten Monat bis zum Erwachsenenalter genügt eine zweimalige Fütterung.

Jagdhunden und Hunden, die große körperliche Anstrengungen erbringen (Wasserrettung, viel Laufen und anderes), tut eine zweimalige tägliche Fütterung gut.

Häppchen zwischen den Mahlzeiten sollten unterlassen werden. Das Geben von Häppchen zwischendurch kann Bettelverhalten erzeugen, was eine Belästigung ist und zu Übergewicht beitragen kann. Es ist durchaus gestattet, seinem Hund ab und an eine Kleinigkeit zu geben, was aber wichtig ist, ist der Hintergrund, vor dem das geschieht. Loben Sie Ihren Hund überschwenglich, wenn Sie ihm das Häppchen anbieten, damit er merkt, daß die Zuwendung das Wichtigste und das Essen nur eine nette Draufgabe ist.

c) Fasttag für Hunde

Viele Tierärzte empfehlen hin und wieder einen Fasttag für den Hund, damit sein Stoffwechsel entschlackt wird. Hunde stellen von Zeit zu Zeit ganz von selbst das Fressen ein, und in freier Wildbahn ist ein Tag ohne Futter sowieso keine Seltenheit. Wenn Ihr Hund krank ist und Fieber bekommt, läßt sein Appetit von allein nach – erinnern Sie sich an das Sprichwort »das Fieber aushungern«. Geben Sie Ihrem Hund während des freiwilligen oder gezwungenen Fastens nahrhafte Brühe, einige wenige leichte Gemüse und ein wenig fettarmes gekochtes Fleisch.

d) Futternäpfe

Ihr Hund sollte jeweils einen Napf für Futter und einen für Wasser haben. Größe, Form, Gewicht und Höhe eines Napfes sind Dinge, über die wir zumeist nicht nachdenken, die aber für den Hund wichtig sind.

Für einige Rassen, besonders die größeren, und Hunde, die dazu neigen, sich zu verschlucken, ist es günstig, wenn der Napf nicht auf dem Boden steht, sondern etwas höher.

Langohrige Hunde brauchen einen tiefen Napf mit einer schmalen, speziell geformten Öffnung, damit die Ohren nicht in das Futter hängen. Die Ohren eines Hundes von Futterresten zu säubern macht nicht nur eine ziemliche Arbeit, das Futter kann auch Ohrenentzündungen verursachen.

Kunststoff- und Edelstahlnäpfe sind zwar bequem, aber oftmals zu leicht und werden dann von dem gierig schlingenden Hund quer durch die Küche geschoben. Außerdem können manche Hunde auf bestimmte Kunststoffe empfindlich reagieren und eine Rötung oder Schwellung der Lefzengegend entwickeln. Bei buntglasierten Keramiknäpfen kann die Gefahr einer Bleivergiftung bestehen, wenn Ecken abgestoßen sind.

Der beste Napf ist ein einfacher, auf Größe und Charakteristika Ihres Hundes abgestimmter Keramiknapf.
Unnötig zu sagen ist, daß ein Hundenapf nach jeder Fütterung zu spülen ist, damit sich keine Bakterien entwickeln.

e) Fütterung mehrerer Hunde

Zwischen zwei um dasselbe Futter rivalisierenden Hunden kommt es zum Konflikt; zwar wird der dominante in der Regel die Oberhand behalten, aber das geht nicht ohne Knurren und Schnappen ab. Ich füttere meine Hunde auf gegenüberliegenden Seiten der Küche, so daß jeder gemütlich fressen kann, ohne sich sorgen zu müssen, daß der andere ihm einen Teil des Futters stiehlt. Manchmal beißt ein Hund, wenn man in seinen Fütterungsbereich eindringt. Deshalb ist Kindern im Krabbelalter und Kleinkindern beizubringen, daß sie sich vom fressenden Hund fernhalten müssen und ihm nie etwas aus dem Maul nehmen dürfen.

Wenn einer Ihrer Hunde Diätkost bekommt und nebeneinander gegessen wird, ist es nicht leicht festzustellen, wer was bekommt. Ein gieriger Hund, der das Futter eines anderen frißt, kann Übergewicht bekommen. Und wenn ein Hund nichts frißt, weil er krank ist – wie soll man das sehen, wenn beide Näpfe saubergeleckt sind? Wenn ein Hund noch klein und der andere ausgewachsen ist oder Diätkost bekommt, ist die Nahrung unterschiedlich und sollte getrennt bleiben. In solchen Fällen füttern Sie die Hunde, wenn nötig, in getrennten Räumen, und verwenden Sie stets getrennte Näpfe, ob Sonderkost gegeben wird oder nicht.

3. Fütterungsprobleme

a) Betteln

In unserer Kultur dient Nahrung oft nicht nur der Ernährung, sondern auch als Ausdruck von Zuneigung. Es ist wichtig, dies voneinander zu trennen.

Man füttert einen Hund, weil er zum Leben Nahrung braucht, nicht weil man seine Zuneigung erkaufen möchte. Es ist leicht, einem Tier bestimmte Gewohnheiten beizubringen. Wenn Sie versuchen, Ihren Hund mit Leckerbissen zu erziehen, wird er auf die Nahrung und nicht auf Ihre Zuwendung reagieren lernen. Heraus kommt dabei ein Hund, der kein beständiges Verhalten zeigt, was unter Umständen lebensgefährlich für ihn werden kann. Ein Hund verbindet von Natur her Futter mit Hunger. Futter kann Zuneigung, Streicheln und Freundschaft nicht ersetzen. Wir Menschen müssen diesen Unterschied verstehen und uns entsprechend verhalten.

Betteln ist ein nur schwer abzugewöhnendes Verhalten und zudem ärgerlich, wenn man selbst beim Essen ist. Ein kluger Hund spielt den Part bis zum Gehtnichtmehr, mit Betteln, Winseln und Bellen, ganz zu schweigen davon, daß er Sie und Ihre Gäste in Vorfreude vollsabbert oder – schlimmer noch – Kindern Essen wegnimmt. Verhaltensmuster entwickeln sich schnell, und die Entscheidung, welches Verhalten Sie sich bieten lassen, liegt bei Ihnen. Ist dem Hund klar, daß Sie der Anführer sind, ordnet er sich bereitwillig ein und tut sein Bestes, um Sie zufriedenzustellen. Anderenfalls wird er instinktiv versuchen, die Lage zu beherrschen.

Die Trennung von Nahrung und Zuneigung verdammt Ihren Hund noch lange nicht zu einem Hundeleben mit eintönigem Trockenfutter. »Das K(n)ochbuch« enthält viele Rezepte, die sowohl für den täglichen Gebrauch als auch für ab und an in kleiner Menge oder in Verbindung mit dem Hauptgericht gegebene Leckereien geeignet sind.

b) Zu dicke Hunde
Betrüblicherweise sind nach Schätzungen zwischen 30 und 40 Prozent der Hunde zu dick. Übergewicht hat eine Vielzahl von Nebenwirkungen, die mit beitragen können zu einer Verminderung von Wohlbefinden und Vitalität Ihres Hundes. Zu dicke Hunde haben mehr Gebrechen und leben nicht so lange wie andere. Einige der Krankheitsbilder, die beim Hund durch Übergewicht verursacht oder verschlimmert werden können, sind:

* Arthritis,
* Hüftgelenkdysplasie (HD),
* Herz-, Lungen- oder Lebererkrankungen,
* Zuckerkrankheit (Diabetes),
* Bauchspeicheldrüsenentzündung,
* Probleme des Magen-Darm-Trakts,
* Hautkrankheiten.

Außerdem kann Ihr Hund sich bei Übergewicht seines Lebens weniger freuen. Ein zu dicker Hund fühlt sich unwohl und ist dadurch eher schlechter Laune. Zu dicke Hunde bewegen sich weniger ausgiebig, weil sie das ganze zusätzliche Gewicht mitschleppen müssen. Sie vertragen keine Hitze, weil sie unter dem Pelz noch in eine zusätzliche Speckschicht eingehüllt sind. Ein übergewichtiger Hund ist im Laufe seines Lebens, weil seine Widerstandskraft geschwächt ist, auch häufiger zu Gast beim Tierarzt. Muß ein übergewichtiger Hund operiert werden, läuft er wegen der stärkeren Belastung von Herz und Kreislauf ein größeres Risiko als ein schlanker Hund.
Wieviel Speck Ihr Hund hat, ist ganz einfach festzustellen:

Legen Sie dem stehenden Hund Ihre Handflächen auf die Seiten des Brustkorbs, nicht auf den unterhalb befindlichen Magen. Wenn Sie mit den Fingern leicht entlang der Flanken des Hundes streichen, sollten Sie die Knochen spüren können. Wenn Sie dabei die Rippen einzeln zählen können, ist der Hund untergewichtig. Wenn Sie nichts spüren, schauen Sie sich den Hund so objektiv wie möglich an, und urteilen Sie selbst, oder bitten Sie einen Nachbarn, den Test an Ihrer Stelle zu machen. In aller Regel gesteht man sich nur schwer ein, daß der Hund – sprechen wir es aus – zu fett ist, sobald man das Problem jedoch anerkennt, kann man einen Ernährungsplan aufstellen.

Die meisten Hundehalter begnügen sich damit, den Hund einmal im Jahr bei der tierärztlichen Untersuchung wiegen zu lassen. Es ist jedoch sehr sinnvoll, eine Übersicht über das Gewicht des Hundes zu führen und die Eintragungen regelmäßig zu machen, um zu überprüfen, ob die Futtermenge innerhalb des Rahmens ist, den man sich gesetzt hat.

Bei Übergewicht ist der Gang der Dinge klar: Die dem Hund zugeführte Nahrungsmenge ist zu verringern. Das hört sich einfach an, aber genau hier kommen all Ihre Vorstellungen darüber, was eigentlich einen Hund glücklich macht, ins Spiel. In Wahrheit ist die Diät für Ihren Hund leichter als für Sie selbst. Sie helfen ihm dabei, indem Sie für ihn die Beharrlichkeit beisteuern. Der Hund kann stets nur soviel essen, wie Sie ihm geben. Weniger Futter bedeutet, daß er seine Fettreserven intensiver nutzt und – siehe da –, schon ist er schlank. Wenden Sie sich jedoch, bevor Sie Ihren Hund auf Diät setzen, an Ihren Tierarzt, um sich zu vergewissern, daß der von Ihnen erstellte Ernährungsfahrplan einwandfrei ist. Hier einige Grundregeln:

* Ziehen Sie Ihren Tierarzt zu Rat, um einen praktikablen Abnahmeplan festzulegen, bevor Sie mit der Diät beginnen.

* Sichern Sie sich die Unterstützung der ganzen Familie.
* Füttern Sie den Hund während der Diät nicht im Beisein anderer Haustiere.
* Verteilen Sie sein Futter auf zwei oder drei Mahlzeiten am Tag.
* Bleiben Sie standhaft: Helfen Sie Ihrem Hund nicht, bei der Diät zu mogeln – geben Sie ihm nichts, was nicht auf dem Programm steht.
* Geben Sie ihm Kopfsalat, wenn er bei Tisch bettelt, während Sie selbst essen.
* Verringern Sie die Futtermenge langsam, es sei denn, der Tierarzt gibt Ihnen eine andere Anweisung, weil der Hund nach seiner Ansicht in einer lebensbedrohenden Lage ist.
* Verschaffen Sie dem Hund täglich Bewegung – das tut Ihnen beiden gut.

Wie schnell darf das Abnehmen vernünftigerweise gehen? Im allgemeinen gilt, daß kleine Hunde bis zu einem Pfund pro Woche, mittelgroße bis zu zwei Pfund und große Hunde bis zu drei Pfund pro Woche verlieren dürfen. Bei den meisten Hunden ist eine Diätdauer von zwei bis drei Monaten erforderlich.

c) Zu dünne Hunde
Was die einen zuviel haben, haben die anderen zuwenig. Manche fressen sogar enorme Mengen, ohne die Nährstoffe zu verwerten. Wie stellt man fest, ob ein Hund zu dünn ist? Streichen Sie ihm mit den Fingern leicht über den Brustkorb.
Es ist völlig in Ordnung, daß man die Rippen gerade eben spürt, da keine Fettschicht darüber sein sollte. Allerdings sollten Sie die Zwischenräume zwischen den Rippen nicht fühlen können.

Sie sollten also seine Kalorienzufuhr erhöhen.

Und Sie wollen natürlich auch wissen, warum Ihr Hund so dünn ist.

Grund für Untergewicht können Parasiten, Krankheiten oder unzureichende Fütterung sein. Nachdem die ersten beiden Faktoren entweder ausgeschlossen oder behandelt wurden, erhöhen Sie einfach seine Nahrungsaufnahme. Versuchen Sie es mit häufigerer Fütterung oder mit freier Fütterung – das heißt, Sie halten ihm stets Nahrung bereit, so daß er immer futtern kann, wenn er Hunger hat. Erhöhen Sie nach dem schon erwähnten Grundsatz der Mäßigung die Mengen allmählich. Erwarten Sie nicht, Ihren Hund im Handumdrehen zu mästen.

Notieren Sie sein Ausgangsgewicht und seine Fortschritte in einer Tabelle, um sicherzustellen, daß der Gewichtszuwachs langsam und stetig verläuft. Wenn der Hund sich dem richtigen Gewicht nähert, können Sie die Mengen herabsetzen.

Manche Hunde sind nicht imstande, die Nährstoffe des Futters zu verwerten. Ein offenkundiges Zeichen dafür ist es, wenn ein schlanker Hund häufig und große Mengen Kot ausscheidet. Das Futter geht durch, aber es wird nicht viel aufgenommen. Bei einigen Marken minderwertigen Fertigfutters passieren die Füllstoffe und qualitativ minderwertiges Eiweiß geradewegs den Magen-Darmtrakt und können vom Stoffwechsel des Hundes nicht verwertet werden. Häufig beruhigt eine Kostumstellung das Verdauungssystem des Hundes. Leichte und gut verträgliche Gerichte sind die Grundbrühe (Seite 127) oder die Hühnerbrühe (Seite 128) mit ein wenig Gemüse.

d) In Form kommen

Auslauf gibt Ihrem Hund Kraft und lenkt ihn von den Entbehrungen der Diät ab. Ersetzen Sie den Nachschlag mit Bratensoße durch einen Waldspaziergang. Sehr bald wird der Hund sich auf den Spaziergang mit Ihnen freuen, anstatt von gehackter, in Schokoladensauce gedünsteter Leber zu träumen. Ein übergewichtiger Hund hat jedoch keine Kondition, beginnen Sie das Fitneßprogramm deshalb langsam – man ist ja nicht in der Grundausbildung beim Militär. Entwickeln Sie ein Gespür für seine Ausdauer und erwarten Sie nicht, daß er über Nacht zum Frisbee-Weltmeister wird. Bei heißem Wetter sollten Sie daran denken, daß ein übergewichtiger Hund große Hitze nicht verträgt und einen Hitzschlag erleiden kann, wenn die Anstrengung ihn überfordert.

4. So putzen Sie Ihrem Hund die Zähne

Putzmittel:
* Natron und Wasser,
* Wasserstoffperoxid,
* Hundezahnpasta.

Aufzutragen mit:
* Baumwollappen,
* Wattestäbchen,
* Schaumstoffputzkissen.

Mancher Hund hat ein Leben lang keinen Zahnstein. Abzuhängen scheint das von der Kost und der erblichen Veranlagung. Bekommt Ihr Hund Zahnstein, erhöhen Sie den Anteil knuspriger, knackiger Nahrungsmittel in seiner Kost, und putzen Sie ihm nach Bedarf die Zähne. Bei manchen Hunden ist Zähneputzen einmal pro Woche, bei anderen einmal im Monat erforderlich. Die beim Tierarzt erhältliche Sonderzahncreme enthält eine Peroxidlösung, die zur Auflösung des Zahnsteins beiträgt. Auch spezielle Zahnbürsten für Hunde erhalten Sie beim Tierarzt.

Da die meisten Hunde vom Zähneputzen nicht sonderlich begeistert sind, kann man sich das erleichtern, indem man nur einige Zähne oder sogar nur einen einzigen Zahn auf einmal putzt. Es ist besser, dem Hund beizubringen, daß er das Putzen einiger weniger Zähne duldet, als es auf einen Machtkampf ankommen zu lassen, nach dem der Hund Sie nie wieder an sein Maul läßt. Wenn Sie nicht grob sind und dieses Verfahren langsam einführen, findet er vielleicht sogar Gefallen an der zusätzlichen Aufmerksamkeit, die ihm zuteil wird.

5. So wählen Sie einen Zwinger

1. Ein gut geführter Zwinger gestattet jederzeit die Besichtigung der Anlage und erlaubt Ihnen, Ihren Hund jederzeit zu besuchen.
2. Jedem Hund soll ein Innen- und ein Außenbereich zur Verfügung stehen, der sauber und geruchsfrei sowie frei von Kot ist. Der Auslaufbereich sollte mindestens sechs Meter lang sein.
3. Ein Pfleger sollte rund um die Uhr verfügbar und ein Tierarzt sollte jederzeit rufbereit sein.
4. Der Zwinger sollte Ihnen mitteilen, welche Marke Futter verfüttert wird und auf Ihre Forderung hin eine Kost nach Ihren Wünschen verabreichen.
5. Täglicher Kontakt mit Menschen und Auslauf außerhalb des Zwingers sollte gesichert sein.

6. Das Halsband

Sorgen Sie dafür, daß Ihr Hund immer nur ein einziges Halsband trägt. Eine Würgekette, die für die Gehorsamsausbildung benutzt wird, ist nicht zusammen mit einem anderen Halsband zu tragen und muß so umgelegt sein, daß die Kette locker hängt, wenn nicht daran gezogen wird. Das können Sie sicherstellen, indem Sie die Öse, durch die das freie Ende geführt wird, im Nacken des Hundes plazieren. Auf diese Weise hängt die Kette stets locker durch, wenn nicht gerade an ihr gezogen wird. Die Kette muß in der Größe passen, d. h. etwa 7 bis 12 cm Spiel haben.

Wenn Sie ein unverstellbares Halsband kaufen, achten Sie darauf, daß es nicht zu eng sitzt. Sie sollten noch zwei oder drei Finger unter das Halsband schieben können.

7. Gewichtstabelle für Hunde

Name des Hundes . . . .
Idealgewicht . . . .

Datum	Gewicht	Tägl. Futtermenge	Bemerkungen

8. Haut- und Fellpflege

Die Haut Ihres Hundes ist ein Barometer für seine Gesundheit und seine Widerstandsfähigkeit gegen Krankheit und Streß. Eine gesunde Haut und ein gesundes Fell zeigen an, daß der Hund gepflegt und bei guter Gesundheit ist. Mancher Hund kann jedoch von einer weichen, glänzenden Decke nur träumen. Nach Auskunft von Tierärzten sind Schwierigkeiten mit Haut und Fell das Problem Nummer eins ihrer Kundschaft. Juckende, trockene, schuppende Haut, ein fettiges, stumpfes, verfilztes Fell, üble Gerüche, Hautausschläge und -flecken sowie Haarausfall können für einen Hund erhebliches Leiden bedeuten. Nichts ist bedrückender, als zuzusehen, wie der Hund sich ständig kratzt und beißt, Haut und Fell übel zurichtet und damit das zugrundeliegende Problem bloß noch verschärft.

Da sich auf der Haut jedes Hundes stets potentiell hautkrankheitserregende Bakterien befinden, ist es wichtig, der Haut und dem Fell besondere Aufmerksamkeit zu widmen, damit eine Hautreizung keine ernsthaften Formen annimmt oder chronisch wird. Die Haut ist das größte Organ des Hundes und spiegelt Hormonstörungen, Mangelernährung, Streß, Allergien und Parasiteninfektionen wider. Bei der Hautempfindlichkeit spielt die erbliche Veranlagung eine Rolle. Einige Rassen besitzen leider eine empfindlichere Haut als andere. Zu den Rassen, die zusätzlichen Pflegeaufwand erfordern, gehören Golden Retriever, Dobermann, Dackel, Irischer Setter, Pudel, Beagle, Foxterrier und Schottischer Terrier. Die vorbeugende Pflege ist das A und O beim Umgang mit Fell- und Hautproblemen – und zwar sowohl die Pflege von außen wie »von innen«. Sie können viel tun, um das Fell in einem sehr guten Zustand zu erhalten. Wenn Ihr Hund Hautprobleme hat, können Sie folgende Sofortmaßnahmen ergreifen:

* Füttern Sie keine Nahrung, die Zusatzstoffe enthält oder verunreinigt ist. Bereiten Sie ihm zum Beispiel das »Goldene Hautelixier« zu (Seite 261).
* Verabreichen Sie zusätzlich ein ausgewogenes Multivitaminpräparat, das die Vitamine A, B, C und E enthält, und mischen Sie Bierhefe unter das Futter Ihres Tieres.
* Gegen trockene Haut reichern Sie zur Versorgung mit essentiellen Fettsäuren die Kost mit zusätzlichem Maiskeim- bzw. Distelöl und, für das Fell, mit Lebertran in kleinen Mengen an.
* Lassen Sie den Hund nicht in der Sonne. Wenn Ihr Hund sehr viel Zeit am Wasser verbringt, cremen Sie seine Nase mit Sonnenblocker ein, insbesondere wenn die Nase rosafarben oder sehr hell ist.
* Lassen Sie den Hund im Winter nicht in der Nähe eines Heizkörpers schlafen.
* Ist der Hund im Winter auf Flächen gelaufen, auf denen Salz gestreut wurde, waschen Sie seine Pfoten sofort ab, und reiben Sie sie zum Schutz mit Vaseline ein.
* Spülen Sie das Fell des Hundes mit frischem Wasser, wenn er in sumpfigem, verschmutztem oder stehendem Gewässer geschwommen ist.
* Bekämpfen Sie Flöhe.

Für die Gesundheit von Haut und Fell ist Reinlichkeit unabdingbar. Tägliches Bürsten stellt sicher, daß der Hund immer gut aussieht und gibt Ihnen die Gelegenheit, ihn auf Parasiten, Hautausschlag, Rötungen und sonstige Reizungen zu inspizieren. Langhaarige Rassen brauchen das Bürsten und Striegeln, damit die Öle bis in die Haarspitzen verteilt werden.

Ein letzter Punkt: Die meisten Hunde brauchen nur selten ein Bad. Zu ausgiebiges Baden verschlimmert manche Hautprobleme und führt verstärkt zu trockener und schuppender Haut. Wenn Sie Ihren Hund baden, ist unbedingt auf das richtige Shampoo zu achten. Am besten ist ein spezielles Hundeshampoo. Für überempfindliche Haut sollten Sie ein besonders darauf abgestimmtes Shampoo von Ihrem Tierarzt erwerben.

Hautprobleme im Sommer:
* Flöhe, Zecken, Schnaken, Sonnenbrand, Graspollenallergie.

Hautprobleme im Winter:
* trockene Haut, mit aggressiven Mitteln bestreute Bürgersteige, gravierende Temperaturänderungen.

Das Verfahren für ungetrübte Badefreude:
* ausgiebiges Bad unter Verwendung einer speziellen Hundeseife,
* Ellbogen und Laufballen mit Lanolin einreiben,
* Ausbürsten unter Verwendung eines Lanolinsprays.

Badetips

* Da sich der Hund normalerweise erst schüttelt, wenn der Kopf oder die Ohren naß geworden sind, sollten Sie mit dem Waschen hinten beginnen und sich vorarbeiten, um so nicht selbst patschnaß zu werden.
* Spülen Sie, bevor Sie dem Hund den Kopf waschen, seinen ganzen Körper ab.
* Achten Sie beim Waschen des Kopfes darauf, daß kein Shampoo in die Augen des Hundes gelangt, und waschen Sie sein Gesicht mit einem Waschlappen.
* Legen Sie über den ganzen Hund ein Handtuch (oder mehrere), sobald Sie seinen Kopf abgespült haben, um den Effekt des Schüttelns, mit dem Ihr Vierbeiner sich nun instinktiv trocknen will, einzudämmen.

9. Die Ernährung des alternden Hundes

Um den sich ändernden Ernährungsbedürfnissen des Hundes stets gerecht zu werden, muß man verstehen, welche körperlichen Veränderungen der Hund erfährt. Eines der Hauptprobleme des Alterns ist, daß sein Geruchssinn nachzulassen beginnt und es daher schwieriger wird, ihn für die Nahrung zu interessieren. Auf der anderen Seite braucht ein älter werdender Hund eine geringere Nahrungsmenge, um bei guter Gesundheit zu bleiben, da er sich auch weniger bewegt.

Das Altern der Organe kann sich auch auf deren Funktion auswirken, wovon abhängt, welche leicht verdaulichen Nahrungsmittel mit einem geringeren Gesamtgehalt an Eiweiß und mit weniger Salz als in seinen schwungvollen Jahren der Hund im einzelnen braucht.

Die meisten älter werdenden Hunde besitzen einen erhöhten Flüssigkeitsbedarf, da die Nieren langsamer arbeiten, daher sind Suppen eine ausgezeichnete Wahl, noch dazu, wo das anregende Aroma einer dahinköchelnden Suppe den erlahmenden Geruchssinn wieder weckt.

Häufig ist es erforderlich, die Fettzufuhr zu erhöhen, damit der Hund sein Gewicht halten kann, denn die Nährstoffe werden nicht mehr so wirkungsvoll abgebaut wie früher. Gut für den greisen Hund ist auch die zusätzliche Gabe von Vitaminen. Die Ergänzung ihrer Kost um eine große tägliche Dosis Vitamin C führte bei meiner sechzehn Jahre alten Emily zur Verbesserung ihrer Beweglichkeit, gab ihr die Kontrolle über ihre Blase zurück und bedeutete das Ende ihrer Blaseninfektionen. Dieser Wandel war ergreifend und geschah schnell, und sie war dankbar, daß sie noch lange Zeit Treppen leicht erklimmen konnte und die Kontrolle über ihre Blase wiedergewonnen hatte.

Einige alte Hundeherrschaften werden hinsichtlich ihrer Nahrung wirklich eigentümlich und entwickeln unverrückbare Vorlieben, aber warum sollte man ihnen zu diesem Zeitpunkt ihres Hundelebens nicht entgegenkommen. Geben Sie Ihrem Hund ruhig gelegentlich ein Croissant, wenn es ihm denn Freude macht, oder trennen Sie sich von dem letzten Stückchen Gänseleberpastete mit Trüffeln oder der Hummer-Weinsauce.

10. Herzdiät

Das Hundeherz kann von einer Vielzahl von Erkrankungen angegriffen werden, beispielsweise Kammerflimmern, erbte Störungen und Wurminfektionen. Manche Rassen sind anfälliger für Herzkrankheiten als andere. Bei kurzschnauzigen Rassen, wie Boxer, Englische Bulldogge und Pekinese, führt die Belastung des Atemsystems oft zum Entstehen einer Herzvergrößerung. Bei Chihuahua und Dänischer Dogge kommen Schwierigkeiten mit den Herzklappen vor. Zu den anderen Rassen, bei denen Herzkrankheiten verstärkt auftreten, gehören Beagle, Pudel, Foxterrier, Irischer Setter, Deutscher Schäferhund, Deutsch Kurzhaar, King Charles Spaniel und Shetland-Schäferhund.

Fünf wichtige Hinweise für ein gesundes Hundeherz:
* gute Ernährung,
* Vermeidung von Übergewicht,
* keine übertriebene, aber regelmäßige Bewegung,
* Vermeidung einer Herzwurminfektion und regelmäßige Untersuchung darauf,
* korrekte Verabreichung von verschriebenen Medikamenten.

Die Ernährung herzkranker Hunde:
* salzlos,
* keine Konservierungsstoffe,
* kein Schinken bzw. stark gesalzenes, behandeltes Fleisch,
* hochwertige Proteine.

Herzschonendes Eiweiß:
* Geflügel: Hähnchen/Huhn, Hähnchenmägen, Herz, Leber, Truthahnbrust,
* Rind: Herz, Leber,
* Fisch: in Wasser und eigenem Saft eingelegter Thunfisch, Karpfen, Rotbarsch, Heilbutt.

11. Nierendiät

Nierenerkrankungen sind eine der meistverbreiteten Todesursachen beim Hund. Wenn Sie bei Ihrem Hund eine Nierenkrankheit vermuten, müssen Sie ihn vom Tierarzt untersuchen lassen.
Mögliche Anzeichen einer Nierenerkrankung:
* Mundgeruch,
* Schwierigkeiten beim Wasserlassen,
* zu große Urinmengen,
* Gewichtsverlust,
* Mundgeschwüre,
* Muskelschwund,
* Erbrechen.

Bei Hunden mit Nierenfunktionsstörungen muß sofort die Kost umgestellt werden. Wenn es sich um kein allzu schwerwiegendes Problem handelt, kann die geschädigte Niere durch eine Verminderung der Eiweißzufuhr entlastet werden. Bei schwerwiegenderen Problemen ist die Gabe von hochwertigen Proteinen erforderlich, da das Tier sonst seine in den Muskeln gelagerten Proteine angreift und in kurzer Zeit abmagert. Den meisten Hunden tut mit steigendem Alter ein erhöhter Anteil von Kohlenhydraten in der Nahrung gut. Wichtig ist die Versorgung mit viel Wasser zum Trinken, das hilft die Nieren durchzuspülen. Suppen und Eintöpfe mit ihrem hohen Flüssigkeitsanteil sind eine gute Nahrung für den nierengeschädigten Hund. Beachten Sie aber auch die Torte »Nierenschoner« (Seite 257).

Nachfolgend einige Grundregeln für die Zusammenstellung der Nährstoffe in einer Kost, die den überlasteten Nieren Ihres Hundes guttut:

* Bei harmloseren Erkrankungen geben Sie ein Drittel Fleisch auf zwei Drittel Kohlenhydrate (gemessen am Volumen der Nahrungsmittel).
* Bei schwereren Erkrankungen geben Sie ein Viertel hochwertige Proteine und drei Viertel Kohlenhydrate.
* Es gibt hervorragende medizinische Diätkost, etwa von Hills, die über den Tierarzt erhältlich, aber sehr teuer ist. Da die Hauptzutaten Hähnchen und Reis sind, können Sie unschwer erkennen, daß die selbst zubereitete Diätkost frischer und preiswerter ist.

12. Tablettenverstecke

Es gibt eine Methode, die hundertprozentig dafür sorgt, daß Ihr Hund Tabletten mit Begeisterung einnimmt: Bereiten Sie einen kleinen Lockhappen vor, in dem die Tablette versteckt ist. Erklären Sie während der Vorbereitung Ihrem

Hund, welch einen wundervollen Leckerbissen er gleich bekommt. Sorgen Sie dafür, daß ihm das Wasser im Munde zusammenläuft – erinnern Sie sich an Pawlow. Wenn seine Vorfreude größer geworden ist, geben Sie ihm das Häppchen, und loben Sie ihn, nachdem er es geschluckt hat. Hunde haben eine Vorliebe für folgende Tablettenverstecke:

* Käse, auch Ricotta, Hüttenkäse und Quark,
* Erdnußcreme – die mit Stückchen ist besser geeignet für solche Hunde, die es sonst schaffen, den guten Teil zu verspeisen, die Tablette aber wieder auszuspucken,
* Katzennahrung – Sie dürfen Ihrem Hund bedenkenlos Katzenfutter geben, keinesfalls jedoch die Katze Hundefutter essen lassen,
* Weißbrot – ganz weiches, das sich zu einer Kugel formen läßt.

13. Handelsübliches Hundefutter: Qualität und Mythen

In seinem zu Beginn unseres Jahrhunderts erschienenen Buch »Der Sumpf« legte Upton Sinclair die Übelstände in der amerikanischen Fleischindustrie bloß, die dem gutgläubigen Verbraucher verheimlicht worden waren. Dreck, Verunreinigung und Falschdeklaration von Waren waren allerorten anzutreffen. Als Folge kam es 1906 zur Verabschiedung des Bundesgesetzes zur Fleischbeschau. Heutzutage unterliegt die Fleischwirtschaft staatlichen Kontrollen, deren Wirksamkeit jedoch kritisch beobachtet wird.
Kaum einer von uns hat je einen Schlachthof von innen gesehen, und wir besitzen deshalb eine beneidenswerte Arglosigkeit darüber, auf welche Weise die in die Warte-

pferche gezwängten Tiere zu jenen säuberlichen viereckigen Päckchen werden, die man beim Gang durch die Fleischwarenabteilung eines Supermarktes sieht.

In den Jahren 1985 und 1987 verwarf die National Academy of Sciences (NAS), eine privatrechtliche Organisation mit beratender Funktion gegenüber der US-Regierung, die in den Schlachthöfen vorgenommene Fleischbeschau an Geflügel und Vieh als unzureichend und forderte rundweg ein völlig neues System der Fleischbeschau für Geflügel. Den überlasteten Inspektoren des amerikanischen Landwirtschaftsministeriums stehen nur wenige Sekunden Zeit für die Kontrolle jedes Schlachttiers auf mindestens zwanzig verschiedene Problembereiche zur Verfügung.

Bestechungs- und Erpressungsvorwürfe plagen auch weiterhin Inspektoren und Betriebseigner.

Selbstverständlich wird in gewissem Umfang versucht, die Qualität des für den menschlichen Verzehr bestimmten und freigegebenen Fleisches zu kontrollieren. Trotz der Bemühungen der Aufsichtsbehörde FDA weiß der aufgeklärte Konsument, daß es in der Fleischwarenindustrie viele suspekte Praktiken gibt.

a) Antibiotika

Während ihrer kurzen Lebensspanne werden an die Tiere enorme Mengen Antibiotika verfüttert, um den Krankheiten vorzubeugen, die durch die Massentierhaltung auf engstem Raum auftreten können. Die Hälfte aller in den Vereinigten Staaten hergestellten Antibiotika werden an Vieh verfüttert.

Die FDA untersucht seit 1972 die gesundheitlichen Auswirkungen von Antibiotika in Tierfutter. 1977 schlug diese Behörde ein generelles Verbot von Penicillin und Tetracyclin in Tierfutter vor.

Der Vorschlag blieb im Kongreß auf der Strecke, der zusätzliche Untersuchungen verlangte.

Im Jahr 1987 verzeichnete das Zentrum für Seuchenüberwachung die zweite große Epidemie von Antibiotika-resistenten Salmonellen innerhalb von drei Jahren. Konkrete Maßnahmen wurden nicht ergriffen, allerdings fordert die FDA weitere Untersuchungen.

b) Sonstige chemische Stoffe

Die für den menschlichen Verzehr gezüchteten Tiere werden mit Getreide gefüttert, für das Kunstdünger und Insektenvernichtungsmittel eingesetzt wurden. Die Tiere werden auch mit Wachstumshormonen gefüttert, damit sie größer werden. Und wir wissen auch, daß das gesamte Frischfleisch im Supermarkt manchmal aussieht, als hätte man es eben in Lebensmittelfarbe getaucht, um es frischer erscheinen zu lassen.

Trotz der amtlichen Vorgaben und Kontrollen läßt dieses Bild einen erschaudern, denn schließlich wissen wir auch, daß der Mensch ist, was er ißt.

Für unsere Haustiere sieht es noch schlimmer aus. Hunde und Katzen bekommen das, was bei den Fleischverarbeitungsbetrieben an Resten übrigbleibt. Fleisch und Geflügel für den menschlichen Verzehr wird, wenn auch wenig gründlich, immerhin vom Landwirtschaftsministerium kontrolliert, für Heimtierfutter gibt es zwar in einigen Bundesstaaten Vorschriften über die Dosenfutterverarbeitung, jedoch keine, die bundesweit gelten.

Für Tierfutter ist die Verwendung von allgemein als »4-D-Fleisch« bezeichneten Produkten gesetzlich zulässig. »D« bezieht sich hierbei auf den Zustand, in dem das Tier im Schlachthof ankommt – krank, verkrüppelt, im Sterben oder tot. Nach Angaben der FDA ist diese Praxis annehmbar, da das Fleisch beim Verarbeitungsvorgang so hohen Temperaturen ausgesetzt wird, daß sämtliche Bakterien und Viren abgetötet werden.

Die Überprüfung der Hersteller ist jedoch bestenfalls dem

Zufall überlassen. Hier gelten die Richtlinien für die »Sorgfaltspflicht des Herstellers bei der Verarbeitung«, das heißt, die Hersteller von Heimtierfutter brauchen lediglich ein Formular auszufüllen, in dem der FDA das Herstellungsverfahren mitgeteilt wird.

Kontrollen »vor Ort« sind eine Seltenheit und finden nur »in begründeten Fällen« statt.

Ist es da verwunderlich, daß man jedesmal ganz grün im Gesicht wird, wenn man eine Hundefutterdose öffnet und am Inhalt riecht? Außer der FDA gibt es zwei weitere Institutionen, die sich mit Richtlinien zur Futterverarbeitung und Verpackungsaufschriften befassen. Die erste ist der NRC (National Research Council), der Teil der National Academy of Sciences ist und sich seit 1962 mit der Ermittlung des Nährstoffbedarfs für Heimtiere (sowie für Menschen) befaßt und Mindestwerte für den Nährstoffbedarf von Hunden festgelegt hat. Verlangt wird dabei, daß das Futter dem Heimtier ermöglicht, eine normale Größe zu erreichen, als ausgewachsenes Tier ein normales Gewicht zu halten und Fortpflanzungsfähigkeit, Austragen und Stillen der Jungen sicherstellt.

Der unter Vorsitz von Dr. Ben E. Sheffy, Cornell University, stehende Unterausschuß Hundeernährung des NRC hat 1985 seine Anforderungen verschärft. Die alten Normen von 1974 veranlaßten viele Hundefutterproduzenten, auf der alleinigen Grundlage einer chemischen Analyse die Packungsaufschrift »erfüllt oder übertrifft die Anforderungen des NRC« aufzubringen.

Laut Dr. Sheffy ist es jedoch nicht ausreichend, die Futterzusammensetzung anzugeben, da daraus nicht hervorgeht, ob die Nährstoffe auch vom Hund verwertbar sind. Viele Hundefutterhersteller verweigern die teuren Untersuchungen, die notwendig sind, um zu ermitteln, wieviel von den Nährstoffen das Tier umsetzen kann und wieviel verlorengehen. Die Folge ist, daß der Verbraucher in die

Irre geleitet wird von der Formulierung »erfüllt oder übertrifft die Anforderungen des NRC«. Denn diese bezieht sich auf die alte, nur auf der chemischen Analyse der Zusammensetzung basierenden Norm und nicht darauf, ob die Nährstoffe vom Hund tatsächlich verwertet werden können.

Nach den neuen Richtlinien wird die in je 1000 Kalorien Gesamtenergiegehalt pro lbs (450 g) Nahrungsmittel enthaltene Anzahl verwertbarer Kalorien ermittelt, da dies exakter ist als lediglich den Gesamtenergieinhalt je lbs (450 g) anzuführen. Nach Dr. Sheffys Meinung werden die Hersteller bald dazu verpflichtet werden, die Anzahl verwertbarer Kalorien je Maßeinheit Futter anzugeben.

Die zweite Institution ist die American Association of Feed Control Officials (AAFCO), bestehend aus 200 Vertretern der Behörden, die sich mit Herstellung, Verkauf und Vertrieb von Tierfutter befassen. Die AAFCO testet Heimtierfutter, fördert die einheitliche Produktbeschreibung auf Verpackungen und leistet ihren Beitrag zu Regelungen und zur Ausführung der Gesetze. Die AAFCO führt ständig Analysen von Tierfutter durch, bei denen kontrolliert wird, daß der Verpackungsinhalt und die auf der Verpackung gemachten Zusammensetzungsangaben übereinstimmen.

Mit dem Anwachsen der Forschungsergebnisse im Bereich der Hundeernährung sind die Prüfnormen der AAFCO strenger geworden. Damit ein Hundefutter die Tests besteht und als geeignet eingestuft wird, müssen die erwachsenen Nachkommen von ausschließlich mit dem Testfutter ernährten Hündinnen einen normalen Wachstumsverlauf aufweisen und bestimmte normale Blutwerte zeigen.

Tierärzte haben die Notwendigkeit einer gesunden Tierernährung bereits seit langem erkannt. Die Vereinigung Amerikanischer Veterinärmediziner und die Vereinigung der Kleintierkliniken schlagen zur Verbesserung der Tiernahrung ein Zulassungsverfahren vor. Diese Gruppierungen würden gerne Betriebsinspektionen und Fertignahrungsmittel-Analysen vornehmen, die die Hersteller nur Pfennige vom Verkaufspreis je Pfund Futter kosten würden.

Manche der bedeutendsten Hundefutterproduzenten haben sich mit den erforderlichen Tests einverstanden erklärt, und es bleibt zu hoffen, daß andere nachziehen. Wenn Sie handelsübliches Hundefutter verwenden möchten, lesen Sie die Verpackungsangaben aufmerksam durch, und wählen Sie ein Futter, das den NRC-Normen von 1985 und den AAFCO-Normen entspricht.

Lesen Sie bei den Verpackungsangaben auf gekauftem Futter unbedingt das Kleingedruckte durch, das auf die Hauptzutaten folgt –, dort finden Sie diese langen, sich nach Chemie anhörenden Namen und Abkürzungen. Dies sind die Zusatzstoffe. Viele Tierfutterexperten sind überzeugt, daß einige davon der Gesundheit des Tiers abträglich sind.

In Europa werden von Tierfutterherstellern zumeist ebenfalls die NRC-Richtlinien benutzt. Bei einigen Marken finden Sie einen Hinweis auf der Packung, der besagt, daß die aufgeführten Nährstoffe mit den NRC-Richtlinien übereinstimmen.

In den EG-Ländern ist eine Aufschlüsselung des Eiweißes in »Gesamtgehalt« und »verdauliches Eiweiß« nicht üblich. Auf Packungen, die in Österreich verkauft werden, kann man dagegen den Gesamteiweißgehalt und den Anteil verdauliches Eiweiß finden.

c) Trockenfutter

Wollen Sie auch Trockenfutter geben, sollten Sie sich zumindest vergewissern, daß Sie eine Marke nehmen, bei der eine Garantie auf die Haltbarkeit der Vitamine gegeben wird. Diese Garantie gilt teilweise bis zu 2 Jahre ab dem auf der Packung angegebenen Herstellungsdatum. Eine Reihe von Herstellern verwenden als Konservierungsmittel statt der umstrittenen Benzoesäure natürliche Konservierungsstoffe, d. h. Vitamin C (Ascorbinsäure) oder Vitamin E bzw. Äthoxyquin. Außerdem gibt es bereits viele Produkte, die keine Farbstoffe enthalten. Auch diese Information finden Sie auf der Verpackung.

d) Dosenfutter
Wenn Sie einmal einen interessanten Vergleich anstellen möchten, nehmen Sie nächstes Mal einen Taschenrechner zum Einkauf im Supermarkt mit. Vergleichen Sie den Preis für ein Kilo Rinderhackfleisch an der Fleischtheke mit dem Preis für Hunde-Dosenfutter, von der billigsten bis hin zur teuersten Marke.
Nach meiner eigenen Untersuchung war das Dosenfutter für Hunde – das billigste – sechsmal so billig wie die abgepackten Hamburger an der Fleischtheke.
Und dann fragen Sie sich: Wenn dieses Hundefutter nach Verarbeitung, Abfüllung in Dosen, Verkauf und Vertrieb plus Werbung sechsmal weniger kostet als Rinderhackfleisch, kann es dann so ausnehmend gut sein, wie die Werbung behauptet?
Dosenfutter besteht in der Regel nicht gänzlich aus Fleisch, und sollte das auch nicht. Feuchtem, trockenem und halbfeuchtem Futter werden Füllstoffe zugegeben. Bei Dosenfutter können das Reis, Gerste, Mais, tierische Nebenerzeugnisse und Mehle, Zusatzstoffe und Wasser sein. Wenn Sie Dosenfutter geben, das die Aufschrift »mit Wild«, »mit Fleisch« etc. trägt, bedeutet das derzeit, daß mindestens 4 Prozent davon im Futter enthalten sein müssen.
Diätfuttermittel in Dosen verordnet der Tierarzt.

e) Halbfeuchtes Futter

In Plastikfolie abgepackte »Saftige Häppchen«, »Saftige Bissen« und anderes Halbfeuchtfutter sind sehr populär. Man braucht es nicht zuzubereiten, und es hat keinen üblen Geruch. Was einem daran sofort auffällt, sind die gummiartige, künstliche Konsistenz und vielleicht eine unnatürliche Farbe. Beachten Sie bei halbfeuchtem Futter, daß es bis zu 20% Zucker als Bindemittel enthält. Deshalb ist es nichts für zuckerkranke oder übergewichtige Hunde. Da für den Abbau von Zucker viele Vitamine und Nährstoffe benötigt werden, sollte die Kost des Hundes, wie bereits oben gesagt, nur wenig Zucker enthalten.

Der Vorteil des Gebrauchs von solchem halb feuchten Futter liegt in seiner Bequemlichkeit, besonders wenn Sie mit Ihrem Hund auf Reisen sind.

Abschließend sei bemerkt, daß es zwar im Handel tatsächlich Futter für eine angemessene Ernährung gibt, aber einem Vergleich mit selbstzubereiteter Nahrung hält das nicht stand. Die Freude Ihres Hundes an seinem Essen wird sich zu unerreichten Höhen steigern, wenn er die im handelsüblichen Hundefutter nicht zu findende Geschmacksvielfalt und die vielfältige Konsistenz der Nahrungsmittel kennenlernt.

Wenn Sie nur frischeste Zutaten verwenden, können Sie darauf bauen, einen erheblichen Beitrag zum Elan und zur Lebensfreude Ihres Hausgenossen zu leisten, gleichzeitig verbannen Sie Zusatzstoffe, gefährdende Verunreinigungen oder Nahrungsmittel, die durch übermäßige Verarbeitung gelitten haben, aus seiner Kost. Jetzt können Sie beide die Vorfreude auf die Hundemahlzeit genießen.

Bon appétit!

Die Rezepte

Zu den Rezepten

Den Rezepten des »K(n)ochbuchs« liegen vollwertige, frische Zutaten zugrunde, wie Sie sie sonst für Ihre eigene »Menschenküche« nehmen. Die meisten Zutaten sind leicht auf dem Markt zu finden, und ich möchte wetten, daß Sie die meisten der Trockenzutaten bereits in Ihrem Vorratsschrank haben.

Natürlich sind einige Zutaten dabei, die Ihren Geldbeutel etwas strapazieren: Trüffeln (Ei mit Trüffel, Seite 104) sind ohne Frage eine sehr extravagante Angelegenheit und bestimmt nichts für zaghafte Gemüter. Andere Rezepte wiederum, besonders im Kapitel »Hundebiskuits und andere Snacks« kommen mit einfachsten Zutaten aus: Mehl, Eier und Öl. Andere Zutaten verlangen ein wenig Einfallskraft: Es kann sein, daß Sie einige der Innereien bei Ihrem Metzger extra bestellen müssen. Produkte wie Kohle und Sojamehl finden Sie im Naturkostladen, der, wie Sie feststellen werden, eine Fundgrube für den phantasievollen Hundekoch bzw. die phantasievolle Hundeköchin ist.

Sie werden sehen, daß einige der Gerichte recht sparsam und einfach zuzubereiten sind, während andere für ganz besondere Gelegenheiten gedacht sind und Ihnen und Ihrem Hund auf angenehme Weise einen regnerischen Nachmittag vertreiben helfen.

Nach meiner eigenen Erfahrung ist es ganz einfach, neben der Vorbereitung des Essens für die Familie einen Vorrat frische Fladenbrocken für die kommende Woche zu bakken. Wenn ich Rakus Wochenration vorbereite, verfolgt sie jeden Schritt, den ich dabei mache. Anfangs habe ich für

Emily viele Pfannengerichte gebrutzelt, da sie schnell gingen und eine ausgewogene Zusammenstellung von Fleisch, Gemüse und Getreide boten.

Die Rezepte sind zwar unterschiedlich im jeweiligen Anteil von Eiweiß, Fett und Kohlenhydraten, aber die Zutaten sind frisch, frei von Zusatzstoffen und voller Nährstoffe.

Wegen seiner hochempfindlichen Nase lebt der Hund in einer Welt des Geruchs, die wir erst langsam zu erfassen beginnen. Man schätzt, daß die Nase eines Hundes etwa eine Million mal empfindlicher ist als die des Menschen. Ein Hund registriert ständig eine Vielzahl von Duftspuren, die einen schwach, die anderen stark, die einander überlagern. Erstaunlicherweise kann der Hund einzelne Gerüche in diesem Düftepotpourri unterscheiden. Er besitzt vierzigmal so viele mit der Dufterkennung befaßte Gehirnzellen wie der Mensch. In puncto Essen bringt der Hund die ganze angestammte Fähigkeit seiner Nase zum Tragen und unterzieht das Futter einem Geruchstest, bevor er probiert.

Der Geruchssinn des Hundes dominiert zwar über das Geschmacksvermögen, trotzdem haben Hunde diverse Vorlieben und Abneigungen, was den Geschmack angeht. Eine große Vorliebe scheinen sie für verwöhnendes, verspieltes Essen zu haben. Die meisten Hunde mögen keine Zitrusfrüchte und säuerliche Nahrungsmittel, manche mögen keine kalten Nahrungsmittel, aber alle lieben anscheinend Süßigkeiten.

Das »K(n)ochbuch« beginnt mit Rezepten für Biskuits und Snacks und schließt mit den »Dekadenten Hundedesserts«.

Beim Kochen für Ihren Hund werden Sie mit der Zeit ein Gespür dafür bekommen, welche Mengen er braucht. Gehen Sie von der normalerweise verfütterten Menge aus, und passen Sie sie je nachdem nach oben bzw. unten an. Es ist erstaunlich leicht, einige einfache Hunderezepte in den normalen Wochenablauf einzubauen. Die meisten Gerichte sollten nach der Zubereitung gut abgedeckt und im Kühlschrank aufbewahrt werden, damit sie sich halten. Nicht benötigte Portionen können Sie einfrieren.

Unlängst vertraute mir eine Freundin an, daß sie bei einem Sturm in Panik geraten war, als sie entdeckte, daß sie kein Dosenfutter mehr für ihren Keeshond Max da hatte. Da sie wegen des Wetters nicht zum Laden konnte, war sie einen Augenblick fast verzweifelt. Sie durchstöberte die Vorratskammer nach einer verirrten Dose Hundefutter. Beim Beiseiteschieben von Mehl, Körnern und Flocken stellte sie fest, daß sie das Augenfällige nicht bemerkt hatte. Haferflocken, Eier und Thunfisch, vielleicht mit einer leichten Tomatensauce? Presto! Max überlebte und freundete sich mit der Hundeküche an. Ebenso wird es all jenen schmachtenden Hunden gehen, die das Glück haben, die Früchte Ihrer Arbeit zu verspeisen.

> Wenn du einen verhungernden Hund aufliest und ihn satt machst, dann wird er dich nicht beißen. Das ist der Grundunterschied zwischen Hund und Mensch.
>
> *Mark Twain,*
> *Querkopf Wilson*

1. Hundebiskuits und Snacks

Im ausgehenden neunzehnten Jahrhundert bot in London der amerikanische Händler James Spratt Blitzableiter feil. Abschlüsse waren rar. Da Spratt kein annehmbares Futter für seinen vierbeinigen Reisegefährten fand, heckte er eine Mischung aus Fleisch, grobgemahlenem Getreide und Gemüsen, eine Mahlzeit in Kuchenform, aus. Sein Hund war von den Biskuits hellauf begeistert. Spratt ergriff die Gelegenheit und patentierte seine dann unter dem Namen Spratt's Meat Fibrine Dog Cakes verkauften Hundekuchen, die eine Revolution beim Fertigfutter für Hunde einleiteten.

Am Ende des Jahrhunderts lieferten sich englische und amerikanische Hundekuchenhersteller einen erbitterten Wettbewerb um Marktanteile. Manch eine Lobeshymne war völlig überzogen. Spratt's Meat Fibrine Dog Cakes machten dem Schlangenöl den Platz des Allheil- und Wundermittels streitig. Die Hundekuchen waren salzlos, direkt aus der Packung verfütterbar und konnten gar, so wurde behauptet, von Würmern und Staupe heilen. Die Gebrüder Slater führten für ihr Produkt eine Kampagne mit Aussagen zufriedener Kunden. Lord George Cavendish behauptete, Slater's Meat Biscuits seien »von großem Vorzug, wenn Männer und Hunde nach einem langen Tag draußen zurückkehren. Ich habe Ihre Fleischbiskuits bereits mehreren meiner Freunde weiterempfohlen.« Die Firma Anchor Biscuit Works of London brachte ein einzigartiges Produkt auf den Markt: W. G. Clarke's Büffelfleisch-Biskuits, ein voll im Trend liegendes Importprodukt, das für die eigensinnigen Show-Hunde der amerikanischen Crystal Palace Company geliefert wurde.

Ganz in der Tradition dieser Pioniere der Hundebiskuits können Sie Ihre eigenen Hundebiskuits backen. Die meisten Zutaten sind im Supermarkt erhältlich, aber für Produkte wie Sojamehl oder Haferkleie sollten Sie es mit einem guten Naturkostladen versuchen. Manche dieser Snacks sind knusprig, andere weicher und leichter – mögen wird Ihr Hund alle.

Das Gebiß des Hundes ist beinahe »selbstreinigend«. Hunde neigen zwar nicht zu Karies, aber doch zur Bildung von Zahnstein. Knusprige Hundekuchen und knackiges, nur kurz gekochtes Gemüse helfen mit, die Zahnsteinbildung zu verhindern und das Gebiß Ihres Hundes sauber und glänzend zu erhalten.

> Keiner weiß die ganz besondere Klugheit in Ihren Worten so zu schätzen wie ein Hund.
>
> *Christopher Morley*

Einfache, knusprige und gebißreinigende Biskuits

       150 g Weizen-Vollkornmehl
       150 g Weizenmehl Type 550
        75 g Weizenkeime, sowie zusätzlich Weizenkeime, um
               die Biskuits darin zu wenden
        40 g fettarmes Milchpulver
      250 ml Hühnerbrühe (Seite 128)
       3 Eßl. Maiskeimöl
       2 Eßl. gehackte Petersilie
       ½ Tl. Salz

Den Backofen auf 205 Grad vorheizen und ein großes Backblech einölen.

Vollkornmehl, Weizenmehl Type 550, Weizenkeime, Milchpulver und Salz vermischen. Die Brühe und das Öl in einer kleinen Schüssel mischen. Ein Drittel der Mehlmischung in eine Rührschüssel geben, dazu ein Drittel der Brühe-Öl-Mischung geben und das Ganze zu einem Teig vermischen. Mehl- und Brühemischung jeweils drittelweise hinzufügen und alle Zutaten gut vermengen.

Auf einer leicht bemehlten Arbeitsfläche den Teig gut kneten. Falls der Teig zu feucht ist, etwas Weizenmehl zugeben, aber nur soviel, daß er weich bleibt. Walnußgroße Stücke vom Teig abnehmen, in Weizenkleie rollen und im Abstand von etwa 3 cm auf das vorbereitete Backblech legen.

Die Biskuits mit einer Gabel flachdrücken. Etwa 15 bis 20 Minuten, bzw. bis die Biskuits durch sind, backen. Backofen ausschalten und die Biskuits einige Stunden im Backofen aushärten lassen. Dann zugedeckt im Kühl- oder Gefrierschrank aufbewahren. Ergibt etwa 24 Stück.

Einer der wendigsten Hunde, die es je gab, war, wie im »Guiness-Buch der Rekorde« festgehalten ist, der Deutsche Schäferhund Crumstone Danko, der eine mehr als 3,35 m hohe Mauer mit einem Satz überwand.

Mischgetreide-Biskuits

150 g Weizen-Vollkornmehl
150 g Maisgrieß
75 g fettarmes Milchpulver
2 Tl. Backpulver
½ Tl. Salz
40 g Pflanzenfett
250 ml Wasser
75 ml gekochter Bulgur

Den Backofen auf 205 Grad vorheizen und ein großes Backblech einfetten.
Mehl, Maisgrieß, Milchpulver, Backpulver und Salz in eine Rührschüssel sieben, Pflanzenfett stückweise zugeben. Das Wasser langsam hinzugeben, dabei mit einer Gabel rühren, bis das Ganze einen geschmeidigen Teig ergibt.
Bulgur hinzufügen und gut vermischen.
Teig in zwei gleiche Teile teilen und eine Hälfte kreisrund mit einer Dicke von etwas mehr als 0,5 cm ausrollen. Mit einem bemehlten Messer in 9 Tortenstücke aufschneiden und die Stücke auf das vorbereitete Backblech legen. Die zweite Hälfte des Teigs ebenso verarbeiten. 15 Minuten, bzw. bis das Backgut angebräunt ist, backen. Ergibt 18 Biskuits.

Ist Ihnen schon einmal aufgefallen, wie frisch und angenehm der Atem eines Welpen ist und wie schrecklich dagegen der Mundgeruch eines ausgewachsenen Hundes sein kann? Die Petersilie, die Minze und die Kohle in diesen Biskuits wirken als Atemerfrischer.

Ihr Hund bekommt davon einen fast zum Küssen verführenden Atem! Die auch für die menschliche Ernährung als Zusatzstoff verwendete Kohle erhalten Sie im Reformhaus oder in der Apotheke.

Schmatzies

300 g Weizen-Vollkornmehl
$\frac{1}{2}$ Tl. Salz
1 Eßl. Kohle (aus dem Reformhaus)
      1 großes, leicht verquirltes Ei
3 Eßl. Pflanzenöl
   75 g gehackte Petersilie
2 Eßl. gehackte frische Minze
170 ml Milch

Den Backofen auf 205 Grad vorheizen.

Mehl, Salz und Kohle vermischen. Ei, Öl, Petersilie und Minze in eine mittelgroße Schüssel geben und gut verrühren. Langsam die Mehlmischung einrühren, dann soviel Milch hinzugeben, daß man einen Teig mit einer Konsistenz etwa wie für Makronen erhält. Gehäufte Eßlöffel Teig im Abstand von etwa 3 cm auf gefettete Backbleche geben. 15 Minuten, bzw. bis die Biskuits fest und leicht gebräunt sind, backen.

Die ausgekühlten Biskuits in einem fest schließenden Behälter im Kühlschrank aufbewahren. Wenn der Behälter nicht dicht schließt, nehmen andere Lebensmittel den Minzgeschmack an. Ergibt etwa 24 Biskuits.

Es heißt, eine vernünftige Anzahl
Flöhe tut dem Hund gut – es hält ihn
davon ab, darüber nachzugrübeln,
wieso er ein Hund ist.

Edward Noyes Westcott,
David Harum

Flöhe sind für jeden Hund eine Plage, aber viele Besitzer wollen nicht auf Sprays und Puder zurückgreifen. Es gibt Belege dafür, daß bestimmte natürliche Nahrungszusätze Ihren Hund weniger anziehend für Flöhe und andere Insekten machen. Am wirkungsvollsten sind dabei Bierhefe und Knoblauch. Bierhefe ist ein ausgezeichneter Nahrungszusatz, denn man kann damit nichts übertreiben und dem Hund keinen Schaden zufügen. Die meisten Hunde mögen den Geschmack anfangs nicht, man muß sie also sehr langsam daran gewöhnen. Hat Ihr Hund sich erst damit angefreundet, können Sie die Hefe über beliebiges Futter gestreut geben und so die Widerstandskraft gegen Flöhe stärken.

Anti-Floh-Biskuits

   300 g Mehl Type 550
    75 g Weizenkeime
    75 g Bierhefe
     1 Tl. Salz
       2 Knoblauchzehen, sehr fein gehackt
     3 Eßl. Pflanzenöl
 250 ml Hühnerbrühe (Seite 128)

Den Backofen auf 205 Grad vorheizen und 2 oder 3 Backbleche einölen. Mehl, Weizenkeime, Bierhefe und Salz vermischen. Knoblauch und Öl in einer großen Rührschüssel mischen. Abwechselnd langsam Mehlmischung und Brühe in die Öl-Knoblauch-Mischung einrühren, den Teig gut schlagen, bis er glatt ist.

Teig zur Kugel formen. Auf einer leicht bemehlten Arbeitsfläche den Teig etwa 1 bis 1,5 cm dick ausrollen. Mit einer Form von etwa 5 cm Durchmesser runde Plätzchen ausstechen oder mit einem scharfen Messer runde Plätzchen ausschneiden. Die Plätzchen auf die vorbereiteten Backbleche geben. 20 bis 25 Minuten, bzw. bis das Backgut gut gebräunt ist, backen. Den Backofen ausschalten und die Biskuits einige Stunden im Backofen trocknen lassen. Im Kühlschrank aufbewahren oder in Gefrierbeutel verpacken und einfrieren. Ergibt etwa 36 Biskuits.

Zeichen für einen gesunden Welpen:
* leuchtende Augen, keine Absonderungen
* Haut und Ohren riechen sauber
* gleichmäßige, korrekt ausgerichtete Zahnreihen
* gute, rassegemäße Proportionen
* kräftig, aber nicht zu schwer

Tips für die Sicherheit des Welpen:
* Spielbereich des Welpen einzäunen
* im Haus Sicherheitsgitter benutzen, um ihn in seinem Bereich zu halten
* Zugang zu Bereichen versperren, wo er sich verletzen kann: Treppen, Schwimmbad, steile Ecken
* Stromkabel nicht offen liegenlassen
* zerbrechliche Gegenstände von gefährdeten Orten entfernen
* Fallen, Gift oder Köder für Ungeziefer aus dem Spielbereich im Freien entfernen

MacDiggers Highland Graham Biskuits

> 300 g Graham-Kräcker-Brösel oder trockenes, zerkleinertes Graham-Brot
> 150 g Mehl Type 550
> 1 Eßl. Backpulver
> $\frac{1}{2}$ Tl. Salz
> 125 ml Maiskeimöl
> 250 ml Milch

Den Ofen auf 220 Grad vorheizen und 2 oder 3 Backbleche einölen. Brösel, Mehl, Backpulver und Salz in einer Rührschüssel mischen. Öl und Milch in einer kleinen Schüssel oder einem Meßbecher mischen und Mehl einrühren.

Den Teig auf einer leicht bemehlten Arbeitsfläche kneten, bis er geschmeidig und glatt ist. Etwa 1 bis 1,5 cm dick ausrollen und in runde Plätzchen von 4 cm Durchmesser aufteilen. Die Biskuits im Abstand von etwa 3 cm auf die vorbereiteten Bleche legen.

10 Minuten, bzw. bis das Backgut angebräunt ist, backen. Die ausgekühlten Biskuits zugedeckt im Kühl- oder Gefrierschrank aufbewahren. Ergibt etwa 42 Biskuits.

Das Vergraben von Knochen ist ein Instinktverhalten. Frühe wilde Vorfahren des Hundes vergruben so Nahrungsvorräte für magere Zeiten.
Möglicherweise lernte der Hund das Bellen bei dem Versuch, die Laute des Menschen nachzuahmen. Wölfe und wilde Hunde bellen nicht, sondern heulen.

Diese Snacks für Ihren Hund stecken voller Energie. Achten Sie darauf, nur frische Erdnußcreme ohne jeglichen Zusatz von Salz, Zucker oder gehärtetem Pflanzenöl zu verwenden.

Isebels Erdnußcremebiskuits

225 g Weizen-Vollkornmehl
75 g Sojamehl
1 Eßl. Backpulver
$\frac{1}{2}$ Tl. Salz
250 g Erdnußcreme, mit oder ohne Stückchen
190 ml Milch

Den Ofen auf 205 Grad vorheizen und 2 Backbleche einfetten. Vollkorn- und Sojamehl, Backpulver und Salz in eine Rührschüssel geben. Mit einem Mixer Erdnußcreme und Milch mischen. Die Flüssigkeit zu der Mehlmischung geben und alles gut verrühren. Der Teig sollte weich sein.
Teig auf einer leicht bemehlten Arbeitsfläche leicht kneten. Dann etwas mehr als 0,5 cm dick ausrollen und in Quadrate von 5 x 5 cm schneiden. Die Biskuits im Abstand von etwa 3 cm auf die vorbereiteten Backbleche legen. 15 Minuten, bzw. bis das Backgut angebräunt ist, backen. Die ausgekühlten Biskuits gut verpackt im Kühl- oder im Gefrierschrank aufbewahren. Ergibt etwa 18 Biskuits.

Begegnungen

Die zufällige Begegnung mit einem streunenden oder in seinem Revier befindlichen Hund kann furchteinflößend sein, weil sein Verhalten nicht vorhersehbar ist. Hier einige Richtlinien für Ihre Reaktion:

* sprechen Sie mit ruhiger Stimme
* starren Sie dem Hund nicht in die Augen, um ihn zum Abwenden des Blicks zu zwingen, denn er wird das völlig zu Recht als Herausforderung deuten
* halten Sie sich aufrecht; kommen Sie mit Gesicht und Hals nicht in die Nähe seiner Schnauze
* machen Sie keine abrupten Bewegungen
* wenn Sie sich in einem umschlossenen Bereich befinden, laden Sie den Hund ein, mit Ihnen zusammen ins Freie zu gehen, damit er merkt, daß Sie der Anführer sind
* versperren Sie dem Hund nicht den Ausgang, und schneiden Sie ihm nicht den Rückzugsweg ab

Scones »Loch Ness«

300 g Mehl Type 550
2 Tl. Backpulver
1 Eßl. Zucker
$\frac{1}{2}$ Tl. Salz
40 g Pflanzenfett
1 Ei, leicht verquirlt
125 ml Milch

Den Backofen auf 205 Grad vorheizen und ein Backblech einfetten. Mehl, Backpulver, Zucker und Salz in einer Rührschüssel mischen. Fett mit einer Gabel flockenweise hinzugeben. Ei und Milch in einer kleinen Schüssel mischen und anschließend mit leichter Hand in die Mehlmischung einrühren.

Auf einer leicht bemehlten Arbeitsfläche den Teig ein- bis zweimal leicht durchkneten. Den Teig etwas mehr als 1 cm dick ausrollen und in 5 x 5 cm große Quadrate schneiden. Die Quadrate im Abstand von etwa 3 cm auf das vorbereitete Backblech setzen. 15 Minuten backen. Ergibt etwa 18 Scones.

Wer mich liebt,
liebt auch meinen Hund.

John Heywood,
Sprichwörter, 1546

Ein Ausbildungstip

Belohnen Sie Ihren Hund mit Lob und Liebe statt mit
Futter. Die Liebeshäppchen sind eine delikate Leckerei, die
Sie Ihrem Hund jederzeit, außer wenn gerade »Unterricht«
ist, geben können. Die einzige Daseinsberechtigung dieser
Leckerei ist, dem Hund zu zeigen, daß man ihn gerne hat.
Diese knusprigen Leberbiskuits bringen auch das Herz
eines noch so reservierten Hundes zum Schmelzen.

Liebeshäppchen

   300 g Mehl Type 550
   150 g Maisgrieß
   1 Tl. Salz
     1 großes Ei, leicht verquirlt
   3 Eßl. Pflanzenöl
125 ml Hühnerbrühe (Seite 128)
   2 Tl. gehackte Petersilie
   150 g gehackte gekochte Hühnerleber

Den Ofen auf 205 Grad vorheizen und ein Backblech einölen. Mehl, Maisgrieß und Salz mischen. Das Ei mit dem Öl
in einer kleinen Schüssel verquirlen, Brühe und Petersilie
hinzufügen und gut verrühren. Ein Drittel der Mehlmischung in eine Rührschüssel geben und ein Drittel der
Brühemischung unterrühren. Jeweils ein weiteres Drittel
Mehlmischung und Brühemischung hinzugeben und alle

Zutaten gut verrühren. Die Hühnerleber unterheben. Der Teig soll fest sein.

Auf einer leicht bemehlten Arbeitsfläche den Teig kurz kneten. Den Teig etwas mehr als 1 cm dick ausrollen und mit einer kleinen Herzform Plätzchen ausstechen. Legen Sie die Biskuits im Abstand von etwa 3 cm auf das vorbereitete Backblech. 15 Minuten, bzw. bis das Backgut fest ist, backen. Im Kühlschrank aufbewahren. Ergibt etwa 24 Biskuits.

Sie können dieses ballaststoffreiche Grundrezept vielfältig abwandeln, indem Sie die Äpfel durch geriebene Birnen, Zucchini oder Karotten ersetzen. Statt der Rosinen können Sie gehackte Walnüsse, Pecan-Nüsse oder Korinthen verwenden. Alle Varianten schmecken dem Hund und sind gesund.

Vollwert-Muffins

225 g Weizen-Vollkornmehl
150 g Haferflocken
150 g Haferschrot
2 Tl. Natron
1 Tl. Zimt
2 Äpfel
75 g Rosinen
1 Ei, leicht verquirlt
60 ml Honig
3 Eßl. Maiskeimöl
250 ml Milch

Den Backofen auf 220 Grad vorheizen. 25 Förmchen mit Papiereinsatz bereitstellen. Mehl, Haferflocken, Kleie, Natron und Zimt in eine Rührschüssel geben. Äpfel mit Schale in eine Schüssel reiben, Rosinen, Ei, Honig und Öl einrühren. Milch in die Mehlmischung geben und gut verrühren. Apfelmischung hinzugeben und unterrühren.

Teig mit einem Löffel in die Muffin-Formen geben und 20 bis 25 Minuten backen, bzw. bis die Zahnstocherprobe erfolgreich ist (Zahnstocher in die Mitte eines Muffins stekken und herausziehen: ist der Zahnstocher trocken, sind die Muffins gut). Diese Muffins lassen sich gut einfrieren. Ergibt 24 Stück.

Wie ein Autoaufkleber, so sagt auch Ihr Hund viel über Ihre Person und Ihre Lebenseinstellung aus. So gibt es Statushunde und Hunde, die ihre Popularität eingebüßt haben. In den zwanziger Jahren legten modebewußte Damen sich einen zum Pelzmantel passenden Borsoi zu. In den Fünfzigern waren Rintintin und Lassie die Traumhunde sämtlicher Kinder. Zu den Favoriten der letzten Zeit gehören Aktia, Bouvier und Shar-Pei.

Sojamehl enthält sehr viel Ballaststoffe und besitzt zudem einen Eiweißgehalt von 40 Prozent.

Power-Muffins

> 1 Ei, leicht verquirlt
> 250 ml Milch
> 60 ml Maiskeimöl
> 1½ Tl. Backpulver
> ½ Tl. Natron
> ½ Tl. Salz
> 150 g Weizen-Vollkornmehl
> 75 g Sojamehl
> 75 g Weizenkleie
> 75 g Rosinen

Den Backofen auf 205 Grad vorheizen. 12 Förmchen mit Papiereinsatz bereitstellen. Ei, Milch und Öl in eine Rührschüssel geben. Backpulver, Natron und Salz einrühren. Vollkorn- und Sojamehl sowie Kleie vermischen und langsam gut verquirlen, damit der Teig glatt wird. Die Rosinen unterheben.
Den Teig mit einem Löffel in die Muffin-Formen geben. 10 Minuten backen. Ergibt 12 Muffins.

Manche Menschen wählen einen bestimmten Hund, weil er Eigenschaften besitzt, die ihnen selbst abgehen, die sie aber trotzdem gerne nach außen darstellen möchten. Ein Mensch mit mangelndem Selbstbewußtsein wählt vielleicht einen Deutschen Schäferhund oder einen Dobermann, da diese Hunde für Mut und Angriffslust stehen. Der verbotene »Sport« Hundekampf, der mit den speziell dafür gezüchteten Pit Bulls ausgetragen wird, gibt zweifellos den Hundebesitzern die Möglichkeit, ihre Aggressionen gegenüber ihren Tieren abzureagieren.

Diese leichten, luftigen Küchlein sind ideal für einen Hund, der eine wenig gewürzte, einfache Kost erhält.

Federleichte Reisküchlein

150 g gekochter Reis
250 ml Milch
2 Eßl. Maiskeimöl
150 g Mehl Type 550
1 Eßl. Backpulver
½ Tl. Salz
3 Eiweiß

Den Backofen auf 205 Grad vorheizen. 18 Förmchen mit Papiereinsatz bereitstellen. Reis, Mehl und Öl in einer Rührschüssel mischen, Mehl, Backpulver und Salz mischen und dann in die Reismischung einrühren. In einer anderen Schüssel die Eiweiße steif schlagen. Ein Drittel des Eischnees in den Teig einrühren, dann den Rest unterheben. Die Mischung ist sehr flüssig.
Den Teig mit einem Löffel in die Muffin-Formen füllen.
20 bis 30 Minuten, bzw. bis das Backgut leicht und locker ist, backen. Ergibt 18 Muffins.

Ein Verhältnis zum Briefträger entwickeln die meisten Hunde, fragt sich nur, ob ein gutes oder ein schlechtes. Unser Briefträger hat es gut und wird jeden Tag mit feuchten Hundeküssen begrüßt, die überall auf den Glasscheiben der Eingangstür Spuren hinterlassen.

Dieses knusprige Gebäck hilft, das Gebiß Ihres Hundes sauberzuhalten.

Pfefferkuchen-Briefträger

125 ml Melasse
2 Eßl. Honig
125 ml Wasser
60 ml Pflanzenöl
450 g Mehl Type 550
1 Eßl. Natron
½ Tl. Zimt
½ Tl. gemahlene Nelken
2 Eßl. gemahlener frischer Ingwer
½ Tl. Salz
40 g Rosinen

Sirup, Honig, Wasser und Öl in einer mittelgroßen Rührschüssel mischen. Mehl, Natron, Zimt, Nelke, Ingwer und Salz in einer anderen Schüssel mischen. Diese Mehlmischung langsam in die Melassemischung einrühren und mit einem Holzlöffel gut untermischen. Den Teig halbieren, jede Hälfte zu einer Kugel formen und, eingewickelt in Frischhaltefolie, einige Stunden im Kühlschrank ruhen lassen.

Den Backofen auf 180 Grad vorheizen und ein Backblech einölen. Den Teig auf einer leicht bemehlten Arbeitsfläche etwas dicker als 0,5 cm ausrollen. Mit einem Teigmesser Briefträger oder Phantasieformen ausschneiden und auf das Backblech setzen. Rosinen in den Teig eindrücken, um die Augen und Knöpfe zu bilden. 10 bis 15 Minuten, bzw. bis das Backgut fest und an den Rändern angebräunt ist, backen. Ergibt 12 Pfefferkuchen.

Käse wird allgemein von Hunden sehr gemocht, nicht einmal ein äußerst stark duftendes Stückchen wird verschmäht. Ein wenig geriebener Käse macht meist auch für den wählerischsten Hund die ganze Mahlzeit attraktiv genug. Da Käse ein sehr nährstoffreiches Nahrungsmittel ist, sollte er Hunden, die auf Diät gesetzt sind, nur sparsam gegeben werden.

Käseträume

75 g geriebener Chester
125 g Hüttenkäse
2 Eßl. Pflanzenöl
1 Tl. Salz
$^1/_2$ Tl. Worcestersauce
300 g Mehl Type 550
120 g fein gehackte Walnüsse

Den Backofen auf 205 Grad vorheizen.
Chester und Hüttenkäse in einer großen Schüssel mischen. Öl, Salz und Worcestersauce dazugeben. Mehl langsam einrühren, gut mischen, bis der Teig elastisch ist. Murmelgroße Teigstücke abnehmen, zur Kugel formen und in den Walnüssen rollen. Auf ein ungefettetes Backblech setzen und 20 Minuten, bzw. bis sie goldbraun sind, backen. Das ausgekühlte Gebäck in einem dicht schließenden Behälter im Kühlschrank verwahren. Ergibt etwa 48 Stück.

Einen Hund zu einem prämiierten Champion zu machen erfordert viel Zeit und Geld. Es ist nichts Außergewöhnliches, wenn der Besitzer eines Ausstellungssiegers im Jahr über 20 000 Dollar an Kosten für Reisen, Pflege und Gebühren aufwenden muß. Ausstellungshunde unterliegen großem Streß und benötigen daher eine mit Aufbaupräparaten ergänzte Kost. Ausstellungshunde müssen nicht nur vielstündige Reisen und stundenlanges Warten im Käfig, sondern auch das dauernde Putz- und Trimmritual über sich ergehen lassen.

Nach diesen Blinis sind Hunde regelrecht verrückt. Da die Füllung sehr schwer ist, sollten Sie die Blinis für besondere Anlässe reservieren.

Blinis »Cordon Bleu«

Füllung
    150 g Hüttenkäse oder Ricotta
      1 Ei
   1 Eßl. Mehl Type 550
      1 Prise Salz

Eierkuchen
    120 g Mehl Type 550
      2 Eier
  250 ml Milch
    2 Eßl. zerlassene Butter, sowie Butter zum Anbraten der
      ·   Blinis
    $\frac{1}{2}$ Tl. Salz

Für die Füllung Hüttenkäse, Ei, Mehl und Salz in eine Rührschüssel geben und solange verquirlen, bis alle Zutaten gut gemischt sind. Beiseite stellen.

Für die Eierkuchen Mehl, Eier, Milch, Butter und Salz in einen Mixer geben und zu einem einheitlichen Teig verarbeiten. Den Teig in ein Litermaß (1 l) umgießen. Eine Pfanne von etwa 20 cm Durchmesser bei mittlerer Temperatur erhitzen und leicht mit Butter auspinseln. Ein Achtel des Eierkuchenteigs eingießen und durch Schwenken der Pfanne den Teig auf dem ganzen Pfannenboden verteilen.

Solange backen lassen, bis der Teig sich am Rand zu wölben beginnt. Auf der Unterseite sollte der Eierkuchen nun goldbraun sein, und die Oberseite sollte Blasen werfen. Den Eierkuchen, mit der Unterseite nach unten, auf ein sauberes Küchentuch ablegen. Den gesamten Teig auf diese Weise zu Eierkuchen verarbeiten. Die Eicherkuchen können jeweils durch eine Lage Butterbrotpapier getrennt werden, bis Sie sie schließlich füllen.

Zum Füllen sind die Eierkuchen zu wenden. Einen gehäuften Eßlöffel der Füllung auf das untere Drittel des Eierkuchens geben und diesen dann zusammenrollen. In einer Bratpfanne bei mittlerer Hitze zwei Eßlöffel Butter heiß machen, die Blinis hineingeben und von allen Seiten anbräunen. Ergibt 8 Blinis.

Hush Puppies sind in Fett ausgebackene Biskuits. Der Name entstand an den Lagerfeuern des Südens, man warf dort nämlich den Hunden Gebäck hin, damit sie Ruhe gaben. (Hush heißt nichts anderes als »still«!)

Im Unterschied zu den originalen Hush Puppies, die fritiert werden und deshalb sehr schwer sind, sind die Hush Puppies in diesem Rezept einfach zubereitet und leicht – eine Gaumenfreude für Ihren Hund.

Hush Puppies aus Mais

300 g Maisgrieß
3 Eßl. Maiskeimöl
½ Tl. Salz
250 ml Wasser

Den Backofen auf 190 Grad vorheizen und ein Backblech einfetten. Maisgrieß, Öl und Salz in eine Schüssel geben. In einem Topf das Wasser zum Kochen bringen und über die Maisgrießmischung gießen, dabei gut rühren. Diese Mischung 10 Minuten abkühlen lassen. Die Masse zu etwa 5 cm großen, dicken Küchlein formen (besser geht es, wenn man die Hände mit Öl oder Wasser anfeuchtet).
Die Küchlein auf das vorbereitete Backblech setzen.
30 Minuten, bzw. bis das Backgut fest ist, backen. Ergibt etwa 18 Stück.

Mais ist nicht nur für die Menschen in weiten Teilen der Welt ein nahrhaftes Grundnahrungsmittel, sondern auch für Hunde. Hunde mögen frischen Mais ganz besonders und knabbern ihn mit größter Freude direkt vom Kolben, wobei der Keim die meisten Vitamine enthält.

> ... der Hund ordnet sich von Natur aus gerne unter, er möchte seine ganze Zuneigung einem geliebten Herz schenken.
>
> *Barbara Woodhouse,*
> *No Bad Dogs*

Mais-Crisps

300 g Maisgrieß
½ Tl. Natron
½ Tl. Salz
250 ml Buttermilch
3 Eßl. Maiskeimöl
2 Eßl. Honig
Butter

Maisgrieß, Natron, Salz, Buttermilch, Öl und Honig in einen Mixer oder den Rühraufsatz der Küchenmaschine geben und zu einem glatten Teig verarbeiten. Butter in einer Pfanne zerlassen und jeweils 2 Eßlöffel Teig für ein etwa 8 cm großes Pfannküchlein in die Pfanne geben. Auf beiden Seiten in insgesamt etwa 5 Minuten goldbraun braten. Ergibt etwa 24 Stück.

Wie Maisgrieß sollte auch Hafer zur Grundnahrung Ihres Hundes gehören. Hafer besitzt eine beruhigende Wirkung und fördert die Entschlackung sowie das Gewebewachstum, was besonders für den kranken oder genesenden Hund hilfreich ist. Hafer ist, gleich in welcher Form, ein wohlschmeckendes Hundefrühstück oder ein kleiner Mittagssnack. Diese Haferküchlein sind preiswert, leicht zu machen und nahrhaft.

Haferküchlein

450 ml Milch
150 g Haferflocken
150 g Mehl Type 550
1$\frac{1}{2}$ Tl. Backpulver
$\frac{1}{2}$ Tl. Natron
1 Tl. Zimt
$\frac{1}{2}$ Tl. gemahlener Ingwer
1 Tl. Salz
1 verquirltes Ei
3 Eßl. Butter

Die Milch in einem großen Topf bei mäßiger Hitze erwärmen. Die Haferflocken einrühren und 10 Minuten stehenlassen.
Mehl, Backpulver, Natron, Zimt, Ingwer und Salz vermischen. Das Ei zur Haferflockenmischung hinzugeben, dann die Mehlmischung einrühren. Öl hinzugeben. Der Teig ist sehr zäh.
Butter in einer großen Bratpfanne bei mittlerer Hitze zerlassen. Für jedes Haferküchlein 2 Eßl. Teig in die Pfanne geben und auf beiden Seiten goldbraun werden lassen. Mit ein wenig Ahornsirup, den Hunde heiß und innig mögen, schmecken die Küchlein besonders gut. Die restlichen Haferküchlein im Kühlschrank aufbewahren. Ergibt etwa 36 Stück.

2. Hundefrühstück

Der normale Hund hat einen ausgefüllten Tagesplan und braucht daher ein nahrhaftes Frühstück. Das muß zwar keine volle Mahlzeit sein, aber Ihr Hund wird für die zusätzliche Energie, die eine leichte Mahlzeit gibt, dankbar sein.

Erinnern Sie sich daran, wie abgespannt man sich fühlt, wenn man einmal eine oder zwei Mahlzeiten an einem Tag verpaßt, und stellen Sie sich vor, wie schwierig es für einen Hund sein muß, tagaus, tagein bis zur abendlichen Fütterung zu warten. Wird nur eine große Mahlzeit gegen Abend gegeben, kann Ihr Hund dadurch zunehmen, besonders, wenn er nach der abendlichen Mahlzeit nichts mehr zu tun hat, als zu schlafen und die unverbrauchten Kalorien in Speck umzuwandeln.

Ein leichtes Frühstück bringt Ihren Hund in Form für den Tag. Es ist kinderleicht, eine einfache Mahlzeit vorzubereiten, da die meisten Hunde Zerealien – ungezuckerte Weizenerzeugnisse, Weizenkeime, Haferflocken oder Schrot – mögen.

Das Getreide kann mit Naturjoghurt, Milch oder Brühe angemacht werden. Lassen Sie auch ein warmes Frühstück nicht außer Betracht. Die meisten Hunde haben eine Vorliebe für Pfannkuchen und Toast. Sie können auch Reste einfallsreich mit verwerten: Gemüse, Bohnen, Käse – all das gibt ein gutes Hundefrühstück.

Generationen von Hirtenhunden wurden vorwiegend mit Kartoffeln verköstigt, und doch glauben viele fälschlicherweise, daß Kartoffeln einem Hund schaden. Hunde mögen insbesondere gebratene Kartoffelschalen, die ein hervorragender Snack sind. Achten Sie beim Vorbereiten von Kartoffeln darauf, daß Sie sämtliche Keime und grünen Stellen entfernen, da diese giftig sein können.

Kartoffelbällchen

    600 g gestampfte Kartoffeln
    1 Eßl. gehackte Petersilie
            Salz
            frisch gemahlener schwarzer Pfeffer
        2 Eigelb
    2 Eßl. Butter
      1 Tl. Paprikapulver

Den Backofen auf 205 Grad vorheizen und eine große Auflaufform einfetten.
Kartoffeln und Petersilie in eine Rührschüssel geben, mit Salz und Pfeffer abschmecken und alles gut mischen. Eigelb hinzufügen und gut untermischen. Zu etwa walnußgroßen Kugeln formen und in die Auflaufform geben. Butterflöckchen daraufgeben und leicht mit Paprikapulver bestäuben, dann 10 Minuten, bzw. bis die Bällchen angebräunt sind, backen. Ergibt etwa 40 Kartoffelbällchen.

Dieses Porridge hat einen fernöstlichen Einschlag und ist genau das Richtige für einen kalten Morgen. Sie können eine größere Menge davon vorbereiten und dann über die Woche verteilt geben – dazu brauchen Sie bloß den Reis wieder aufzuwärmen. Um auch problematische Esser anzulocken, geben Sie etwas Hühnerbrühe (Seite 128) oder Grundbrühe für Hunde (Seite 127) über das Porridge. Wegen der Reisgrundlage wird dieses Gericht auch von Hunden mit Verdauungsproblemen gut vertragen.

Reis-Porridge

300 g ungekochter Reis
2,7 l Wasser
2 Eßl. Pflanzenöl
300 g Bok Choy oder Mangoldstiele, in 2 bis 3 cm lange
     Stücke geschnitten
2 fein gehackte Frühlingszwiebeln
150 g klein geschnittenes Fleisch oder Geflügel
1 Tl. geriebener frischer Ingwer
1 Eßl. Tamarisauce
1 Eßl. Sesamöl

In einem großen Topf oder Bräter Reis und Wasser bei mittlerer Hitze zum Kochen bringen. Die Temperatur reduzieren und den Reis 30 Minuten zugedeckt köcheln lassen.
In einer großen Pfanne das Pflanzenöl erhitzen, Bok Chou oder Mangoldstiele und Schalotten zugeben und 2 Minuten unter Rühren anschwitzen. Das angeschwitzte Gemüse in den Topf zum Reis geben. Das kleingeschnittene Fleisch oder Geflügel, den Ingwer, die Tamarisauce und das Sesamöl zugeben. Die Reismischung bei starker Hitze erneut zum Kochen bringen, dabei umrühren. Die Temperatur verringern und weitere 30 Minuten kochen lassen. Ergibt etwa 3,5 kg.

Wie man einen Hund hochhebt

Gleich wie groß er ist, man muß dem Hund, wenn man ihn
hochhebt und er nicht mehr auf seinen vier Beinen Halt
hat, ein Gefühl der Sicherheit vermitteln. Die Methode ist
für kleine wie große Hunde die gleiche, allerdings bei
einem Welpen wesentlich weniger anstrengend.
Fassen Sie den Hund an zwei Stellen: unter der Brust, und
zwar vor den Vorderläufen, und von hinten unter den
Hinterläufen.

Dieses Gericht mit einem ausgewogenen Verhältnis von
Eiweiß und komplexen Kohlenhydraten ist bereits eine
komplette Mahlzeit und so leicht zuzubereiten, daß Sie es
einfach über dem Lagerfeuer machen können.

Prärietopf mit Bohnen und Reis

150 g ungekochter Naturreis
625 ml Wasser
2 Eßl. Pflanzenöl
1 gehackte Karotte
1 in Scheiben geschnittene Zucchini
1 Frühlingszwiebel, gehackt
250 ml Hühnerbrühe (Seite 128)
1 Dose abgetropfte Kidneybohnen
(500 g)
1 Eßl. Tamarisauce

Reis und Wasser bei starker Hitze in einem kleinen Topf
zum Kochen bringen. Die Temperatur verringern und den
Reis zugedeckt 45 Minuten, bzw. bis er gar ist, köcheln
lassen.
In einer Pfanne das Öl bei mittlerer Hitze heiß machen,

Karotte hinzufügen und 2 bis 3 Minuten unter Rühren andünsten. Schalotte unterrühren und noch 1 Minute anschwitzen. Bohnen, Brühe und Tamarisauce in die Pfanne geben und gut untermischen.

Reis in den Napf geben und mit einem Löffel von der Bohnenmischung daraufgeben. Reste gut zugedeckt im Kühlschrank aufbewahren, Reis und Bohnenmischung zusammen aufwärmen. Ergibt ca. 500 g Reis und 1 l Gemüse.

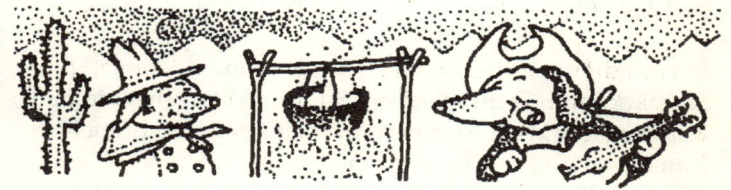

In der Regel verhält eine Katze sich bei der Neuaufnahme eines Welpen in den Haushalt ablehnend. Dadurch wird das Machtgleichgewicht zeitweilig gestört und es kann vorkommen, daß die von einem stürmischen und für Respekt ihr gegenüber noch zu jungen Welpen überwältigte Katze für eine Weile auszieht. Beschneiden Sie der Katze zur Sicherheit die Krallen, damit sie dem Welpen keine Augenverletzungen zufügen kann.

Zum Glück macht es Hunden nichts aus, wenn Brot einige Tage alt ist. Dies ist eine hervorragende Möglichkeit, der Brotverschwendung zu begegnen. Dabei sind beliebige Brotsorten kombinierbar.

Französische Brotrösti

3–4 Eßl. *Butter*
    $\frac{1}{2}$ *altbackenes Brot, in 2 cm große Würfel geschnitten*
    4 *große Eier*
200 ml *Milch*
$\frac{1}{2}$ Tl. *Zimt*

Butter bei mittlerer Hitze in einer großen Pfanne zerlassen. Brot hinzugeben und Pfanne ab und zu schwenken, damit die Brotwürfel gleichmäßig angebräunt werden. Eier mit dem Zimt in einer kleinen Schüssel verquirlen. Die Eimischung über das Brot gießen und solange braten, bis die Brotwürfel gut braun sind. Ergibt etwa 900 g Brotrösti.

Abwandlung:
Schmackhafte Französische Käse-Brotrösti erhalten Sie, wenn Sie den Zimt weglassen und zu der Eimischung 75 g geriebenen Käse – Chester, Emmentaler, Edamer – hinzugeben.

Dieses Rezept ist eine Abwandlung des berühmten Leber-
käses der Pennsylvania-Deutschen, der normalerweise mit
Schweinefleisch und Innereien zubereitet wird. Das Hähnchen ist eine überall erhältliche Zutat, die Hafergrütze ist
zusätzlich in das Rezept aufgenommen.

Hähnchen-Fleischkäse

300 g Maisgrieß
150 g Hafergrütze
750 ml Hühnerbrühe (Seite 128)
300 g gekochtes Hähnchenfleisch, klein geschnitten
$\frac{1}{4}$ fein gehackte Zwiebel
1 Eßl. gemahlener Thymian
Salz
frisch gemahlener schwarzer Pfeffer
Butter oder Pflanzenöl zum Braten

Maisgrieß, Hafergrütze und Hühnerbrühe in das Oberteil
eines zweistöckigen Kochtopfes geben und das Getreide 30
Minuten über kochendem Wasser kochen. Hähnchen,
Zwiebeln und Thymian dazugeben und mit Salz und Pfeffer abschmecken. Das Ganze gut mischen. Die Mischung
ist sehr dick. Eine 23 cm große Kastenform einfetten und
die Masse hineingeben. Mit einem Schaber glattstreichen,
mit Frischhaltefolie abdecken und über Nacht im Kühlschrank aufbewahren.
Den Fleischkäse in Scheiben schneiden. Bei mittlerer Hitze
Butter oder Öl in einer Pfanne heiß machen, Scheiben
hineingeben und auf beiden Seiten goldbraun anbraten.
Ergibt einen großen Laib.

Die meisten Hunde haben an Maisgrütze nature kein Interesse, daher ist es angeraten, sie mit einer leckeren Bratensauce oder Käse zu verfeinern.

Überbackene Maisgrütze

      150 g Maisgrütze
       1,2 l Wasser
         2 große verquirlte Eier
     225 g geraspelter Chester
     250 ml Milch
       1 Eßl. Worcestersauce
             Salz
             frisch gemahlener schwarzer Pfeffer
       1 Eßl. Butter

Grütze in einem mittelgroßen Topf mit Wasser bei starker Hitze zum Kochen bringen. Temperatur verringern und Grütze unter häufigem Rühren 20 Minuten, bzw. bis sie sehr dick ist, weiterkochen. Den Backofen auf 180 Grad vorheizen und eine flache, etwa 3 Liter fassende Auflaufform buttern.

Die Grütze in eine Rührschüssel geben, die Eier, 120 g Käse, die Milch und die Worcestersauce unterrühren. Die Mischung in die Backform geben und den restlichen Käse darauf verteilen. Nach Geschmack mit Salz und Pfeffer bestreuen, Butterflöckchen daraufgeben und 1 Stunde backen. Vor dem Füttern 5 bis 10 Minuten stehenlassen. Reste gut in Frischhalte- oder Aluminiumfolie verpacken und im Kühl- oder Gefrierschrank aufbewahren. Ergibt ca. 1,8 l.

3. Omeletts und andere Eierspeisen

> Dieses Inselland erzeugt sehr tapfere
> Kreaturen: ihre Bullenbeißer sind von
> unvergleichlichem Mut.
>
> *Shakespeare*
> *König Heinrich V., III. Aufzug, 7. Szene*

Hunde mögen Eier in fast jeder Form. Eier liefern leicht verdauliches, sehr hochwertiges Protein (ein Dutzend Eier enthalten etwa 78 g Eiweiß), sind extrem vielseitig und bequem verwendbar. Es gibt wohl kaum einen Hundebesitzer, der nicht schon einmal dem Hundefutter ein Ei beigegeben hat. Für Zwerghunde ist ein einziges Ei gerade richtig. Da Hunde nicht zu einem erhöhten Cholesterinspiegel neigen, können sie unbedenklich mehr Eier als Herrchen verzehren.

Die englische Zeitschrift »Our Dogs« berichtete 1735 über die Rudel streunender Hunde, deren dreistes Verhalten und deren Leidenschaft für frische Eier damals ein ernstes Problem darstellten. Diese Hunde »sind eine Plage und in großer Zahl auf den Straßen anzutreffen, sie bellen und schnappen nach den Fesseln der Pferde, wodurch manch ein Reiter zum Sturze gebracht wird; ... sie wildern, schlürfen die Fasaneneier aus und treiben gar manchen Schabernack, weswegen man eine Steuer erheben sollte, um ihrer Herr zu werden.«

Das folgende Rezept wird sicherlich auch den entschlossensten Wanderburschen zu Hause halten – zumindest solange das Frühstück dauert –, und Parmesan und Schinkenspeck werden auch den eigensinnigen älteren Hund verführen.

Wildererparadies

> 6 Scheiben Schinkenspeck
> 450 ml Milch und Crème fraîche zu gleichen Teilen gemischt
> 3 große Eier
> 3 Scheiben dunkles Brot, in bissengroße Stücke geschnitten
> 3 Tl. frisch geriebener Parmesan

Den Schinkenspeck bei mittlerer Hitze in einer Pfanne knusprig braten. Auf Papierküchentüchern abtropfen lassen und zerbröckeln. Beiseite stellen.
In einem Topf die Milch-Rahm-Mischung bei kleiner Hitze zum Köcheln bringen. Die Eier einzeln aufschlagen und pochieren, abwarten, bis das Eiweiß gestockt hat. Das Brot in einen tiefen Napf geben, die Eier aus dem Topf heben und auf das Brot geben. Mit Käse und Speck bestreuen. Von der Milch-Rahm-Mischung darübergießen und sofort füttern. Ergibt drei pochierte Eier auf Brot bzw. drei Portionen.

Abwandlung:

Für Hunde, die auf Diät sind, ersetzen Sie die Milch-Rahm-Mischung durch Grundbrühe für Hunde (Seite 127) oder Hühnerbrühe (Seite 128).

Der Pekinese, der Lieblingshund der Pekinger Kaiserfamilie, stand Modell für die Vielzahl von Hundestatuen (Foo-Statuen), die aus Elfenbein geschnitzt oder in Bronze gegossen wurden. Der Pekinese läßt sich bis zur Tang-Dynastie des achten Jahrhunderts zurückverfolgen. Es heißt, daß die rassereinsten Zuchtlinien ausschließlich der Kaiserfamilie vorbehalten waren. Die als heilig geltenden kleinen »Taschenhunde« wurden von den Eunuchen des Palastes sorgsam gehegt und gezüchtet.

Gute Fleischfüllungen für diese fernöstliche Spezialität sind Leber, Hähnchen, Rind und Schwein.

Foo Yung

        3 große Eier, verquirlt
1½ Tl. Sojasauce
1½ Tl. Speisestärke
125 ml Hühnerbrühe (Seite 127)
    1 Eßl. Öl bzw. Öl nach Bedarf
    3 Eßl. fein gehackte Zwiebel
3–6 Eßl. gehackter Sellerie
      75 g gekochtes Hackfleisch oder gekochter und zerkleinerter Fisch

Eier in einer kleinen Schüssel mit Sojasauce verquirlen. Stärke mit der Hühnerbrühe verrühren. Öl in einer kleinen Pfanne bei mittlerer Hitze heiß machen. Zwiebeln und Sellerie hinzufügen und anschwitzen, bis die Zwiebeln glasig sind. Falls nötig, noch Öl in die Pfanne geben, dann Fleisch bzw. Fisch hinzufügen und 2 Minuten anbraten. Das Ganze in eine Schüssel umfüllen. Falls nötig, erneut ein wenig Öl in die Pfanne geben, die Eier hinzugeben und unter leichtem Rühren kochen lassen, bis die Eier halbgar sind. Fleischmischung und Brühe hinzufügen und unter kräftigem Rühren kochen lassen, bis die Eier völlig gar sind und die Flüssigkeit ganz aufgenommen wurde. Ergibt ca. 350 g.

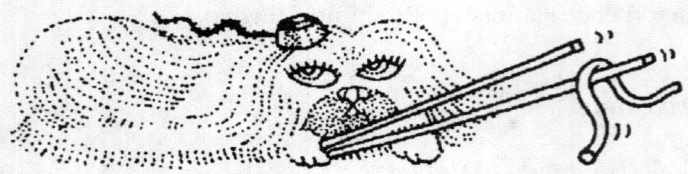

Früher wurden Trüffelhunde zum Aufspüren dieser seltenen und teuren, nahe dem Wurzelwerk der Eiche wachsenden Delikatesse benutzt. Man glaubt, daß der Trüffelhund vom Pudel abstammte. Dieser dunkle, stille und mit einer außerordentlich empfindlichen Nase ausgestattete Hund grub den begehrten Pilz aus und schob ihn mit der Schnauze aus dem Loch heraus. Daß dieser Hund so still war, war für den Besitzer nur von Vorteil, denn die besten Trüffel befanden sich oft genug auf großen Privatländereien, und der Herr des Trüffelhundes war ebensooft ein Wilderer. Zur Belohnung bekam der Trüffelhund einen Anteil vom Brot und vom Käse seines Herrn – nicht die Trüffel.

In diesem Rezept wird diese Ungerechtigkeit wieder gutgemacht. Diese offenkundig nur für einmal alle Jubeljahre zugedachte Leckerei versetzt manch einen Hund in einen Freudentaumel.

Nach einem leichten Mittagsmahl aus Eiern mit Trüffel befindet sich Chauncey Pedigree IV. nun auf dem Weg zu einem Wohltätigkeits-Polospiel in seinem Club.

Eier mit Trüffel

> 4 große Eier
> 2 Eßl. Butter
> 125 ml Milch
> 60 ml trockener Weißwein
> Salz
> frisch gemahlener schwarzer Pfeffer
> 1 weiße oder schwarze Trüffel (ersatzweise ein großer Champignon)

Eier in einer Rührschüssel mit einem Schneebesen gut verquirlen. Butter in einer kleinen Pfanne bei mittlerer Hitze bräunen lassen. Temperatur verringern, Eier hineingeben und unter häufigem Rühren mit Gabel oder Schaber kochen lassen. Sobald die Eier gestockt sind, Milch dazugießen und gut umrühren. Mit Salz und Pfeffer abschmecken. Die Masse auf zwei oder drei Näpfe verteilen und die Trüffel über die Eier reiben.
Ergibt ca. 300 ml.

Dieses Rezept eignet sich besonders für zappelige Zwerghunde und untergewichtige Hunde. Sie können den Geschmack mit einer Vielzahl leckerer Füllungen, wie Käse,
gehackter gekochter Leber, Nieren, Pansen, Schinken,
Wurst oder Schinkenspeck abwandeln.

Quiche Canine

3 oder 4 *große Eier*
    200 g *Crème fraîche*
200 ml *Milch*
    5 Eßl. *gehacktes gekochtes Fleisch oder geriebener Käse*
        Salz
        frisch gemahlener schwarzer Pfeffer
        vorgebackener und ausgekühlter Quiche-Boden,
        23 cm Durchmesser

Den Backofen auf 190 Grad vorheizen.

Eier, Crème fraîche und Milch in einer Rührschüssel mit einem Schneebesen verquirlen. Fleisch oder Käse einrühren und mit Salz und Pfeffer abschmecken. Diese Mischung auf den vorbereiteten Boden gießen und solange backen, bis er luftig und auf der Oberseite goldbraun ist (etwa 35–40 Minuten).

Die Quiche vor dem Servieren ein wenig abkühlen lassen.

Ergibt eine Quiche von 23 cm Durchmesser.

Dieses Rezept wird mit rohen Zwiebeln, die manchen Hunden nicht zusagen, gemacht. Experimentieren Sie ein wenig, um festzustellen, was für Ihren Hund am besten ist. Außer ihrer Spannkraft gebenden und entschlackenden Wirkung spricht man Zwiebeln auch eine gewisse Abwehrwirkung gegen Würmer und andere Parasiten zu.

Eiersalat

    5 hartgekochte Eier
    1 kleine Zwiebel, fein gehackt
   40 g gehackter frischer Dill oder gehackte Petersilie
   oder
   1 Tl. Currypulver
  125 g Mayonnaise
   40 g Dijon-Senf
        Salz
        frisch gemahlener schwarzer Pfeffer
2 oder 3 Scheiben in bissengroße Stücke geschnittenes Brot,
        am besten Roggenbrot oder Pumpernickel

Die Eier pellen, achteln und in eine Rührschüssel geben. Zwiebel, Mayonnaise, Senf, Kräuter bzw. Curry und nach Geschmack Salz und Pfeffer in einer anderen Schüssel mischen. Die Soße über die Eier gießen und durch Schwenken der Schüssel verteilen. Brot auf einem Teller anrichten und Eimischung darübergeben. Eiersalatreste sind gut zugedeckt und nicht länger als 1 bis 2 Tage im Kühlschrank aufzubewahren. Ergibt ca. 500 g Eiersalat.

Angst vorm Fliegen

Aufgrund von Verbesserungen, die in letzter Zeit vorgenommen wurden, um die Gesundheit und das Wohlbefinden von per Flugzeug transportierten Hunden zu schützen, ist heute die während des Fluges im Frachtraum herrschende Temperatur besser reguliert und liegt zwischen 7 und 29 Grad Celsius; so kommen Hunde nun nicht mehr mit Erfrierungen, Erstickungen oder stumpfen Verletzungen am Ziel an. Aber obwohl sich die Sicherheit verbessert hat, bleibt Fliegen für Hunde unangenehm, denn sie sind dem Getöse der Triebwerke und Druckveränderungen ausgesetzt und bekommen womöglich Atmungsprobleme. Kurzschnäuzige Rassen benötigen eine gesicherte Luftzufuhr über die ganze Käfighöhe und sollten nur wenn unbedingt nötig fliegen.

Auf dem Transport befindliche Hunde dürfen keinesfalls Beruhigungsmittel erhalten, die für Menschen gedacht sind, und es sollte ihnen auch kein Maulkorb angelegt werden.

Einfaches Omelett für Hunde

> 3 große Eier
> Salz
> frisch gemahlener schwarzer Pfeffer
> 3 Eßl. Butter
> 2 Eßl. gehacktes gekochtes Fleisch, Geflügel, Fisch oder geriebener Käse

Eier in eine Rührschüssel geben und eine halbe Minute kräftig mit Schneebesen oder Gabel verquirlen. Nach Geschmack Salz und Pfeffer dazugeben.
Butter bei mittlerer Hitze in einer Omelettpfanne zerlas-

sen. Wenn die Butter gebräunt ist und ein nußartiges Aroma abgibt, die Eier in die Pfanne gießen. Die Eier einige Sekunden umrühren, dann braten lassen, dabei die Pfanne hin und her bewegen, damit die Eier nicht ansetzen. Wenn das Omelett zu stocken beginnt, mit einem Schaber an einer Ecke anheben, damit die gesamte noch flüssige Masse auf den Pfannenboden nachfließt. Das Omelett ist gar, wenn die Eier auf der Oberseite noch weich, aber nicht mehr flüssig sind.

Mit einem Löffel das Fleisch auf das Omelett geben, die Pfanne schräg halten und die andere Omeletthälfte über die Füllung umschlagen. Omelett aus der schräg gehaltenen Pfanne auf einen Teller rutschen lassen und sofort füttern. Ergibt 1 großes Omelett.

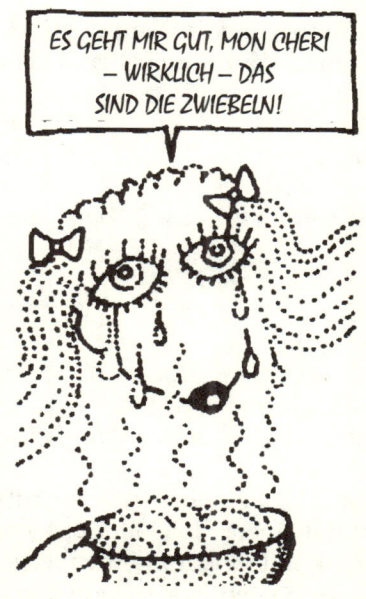

109

Beruhigung

Dieses Gericht ist für eine Horde Chihuahuas, jene neugierigen Hundchen, die lieber unter ihresgleichen als mit anderen Hunden zusammen sind. Als die Spanier im sechzehnten Jahrhundert Mexiko eroberten, erfüllten die Chihuahuas eine ganze Reihe von Funktionen in der Aztekengesellschaft. Von wohlhabenden Azteken, die daran glaubten, daß blaufarbige Exemplare heilige Führer der Seelen der Verstorbenen durch die Unterwelt seien, wurden diese Hunde verehrt und als Opfergaben gebracht. Am anderen Ende des Spektrums befanden sich die Bauern, denen die Stillung des Hungers mehr als das Geleit der Seele bedeutete und denen diese kleinen Tiere oft als Nahrung dienten.

Die Würze der Chorizo und der Duft des Chesters bringen diesem kleinen Hund Wärme an kalten Tagen.

Sonora-Frühstück

> 230 g Chorizo (spanische Salami), Haut entfernt
> 2 Eßl. Butter
> 40 g fein gehackte Zwiebel
> 3 große Eier
> Salz
> frisch gemahlener schwarzer Pfeffer
> 75 g geriebener pikanter Chester
> im Dampf gegarter Reis (wahlweise)

Chorizo in einer Bratpfanne bei mittlerer Hitze anbraten, dabei die Wurst mit einem Holzlöffel zerteilen. Wenn die Wurst gebräunt ist, mit einem Pfannenheber herausnehmen und auf Papierküchentüchern abtropfen lassen.

Alles Fett aus der Pfanne abgießen, dann 1 Eßl. Butter hineingeben und bei mittlerer Hitze zerlassen. Zwiebeln hineingeben und anschwitzen, bis sie glasig sind.

In einer Rührschüssel die Eier mit Gabel oder Schneebesen eine halbe Minute verquirlen. Salz und Pfeffer nach Geschmack zugeben, dann den Käse einrühren. Die restliche Butter in die Pfanne mit den Zwiebeln geben und, nachdem die Butter geschmolzen ist, die Wurst wieder in die Pfanne geben und 1 Minute heiß werden lassen. Die Eiermischung hinzugießen und bei mittlerer Hitze braten lassen, dabei eine Ecke des Omeletts anheben, damit die restliche Eiermasse nachfließen kann. Eine Hälfte über die andere schlagen und mit dem gekochten Reis als Beilage füttern. Ergibt 1 großes Omelett.

Ein sicheres Zeichen für Hundefreude ist aufgeregtes Schwanzwedeln, besonders auch in Erwartung des Futters. Der Schwanz ist eines der ausdrucksstärksten Mittel, die der Hund zur Kommunikation ohne Lautgeben besitzt, und dient zum Ausdrücken von Angst und Angriffslust ebenso wie zum Ausdrücken von Freude.

Eier mit Safranreis »Schwanzwedler«

150 g ungekochter Reis
450 ml Hühnerbrühe (Seite 128)
  oder
250 ml Wasser und 250 ml Hühnerbrühe

1 Prise Safran
1 Eßl. Essig
2 bis 4 große Eier
60 ml Currysauce (Seite 239)

Reis und Brühe in einem Topf zum Kochen bringen. Safran zufügen, Topf schließen, Hitze ganz klein stellen und den Reis 18 bis 20 Minuten, bzw. bis er gar ist, köcheln lassen. In einem anderen Topf oder einer Pfanne soviel Wasser zum Kochen bringen, daß die Eier bedeckt sind, dann Essig hinzufügen. Die Eier eines nach dem anderen auf einen Unterteller aufschlagen und von diesem aus in die köchelnde Flüssigkeit gleiten lassen. Die Eier 5 Minuten garen lassen. In der Zwischenzeit den gekochten Reis mit einem Löffel auf einen Teller geben. Die Eier mit einem Schaumlöffel aus der Pochierflüssigkeit nehmen und auf dem Reis verteilen. Currysauce darübergießen und füttern. Ergibt etwa 700 g Eier mit Reis.

Dieser Brotauflauf benötigt sehr wenig Vorbereitungszeit und wird mit den denkbar einfachsten Zutaten gemacht. Hähnchenmägen sind mit über 90 g Eiweiß eine außergewöhnlich reichhaltige Quelle für diesen Nährstoff. Wenn Sie bisher das bei ganzen Hähnchen mitgelieferte Hühnerklein immer weggeworfen haben, dann haben Sie mit diesem Rezept endlich einen Grund, es gut einzupacken und im Gefrierschrank zu sammeln.

Während dieser Auflauf im Backofen ist, könnten Sie mit Ihrem Hund eine Runde Frisbee spielen. Im Jahr 1978 haben die Meisterhündin Martha Faye und ihr Herr Dave Johnson mit ca. 28 m einen beachtlichen Rekord im Fangen einer Frisbee-Scheibe aufgestellt.

Auflauf mit Ei und Hühnerklein

150 g Hähnchenmägen
900 ml Milch
2 große, rohe Eier
2 Eßl. Dijon-Senf
Salz
frisch gemahlener schwarzer Pfeffer
6 Scheiben Weißbrot
4 hartgekochte Eier, in Scheiben geschnitten
450 ml Rinderbrühe

Den Backofen auf 180 Grad vorheizen. Eine Auflaufform von ca. 33 x 23 cm Größe einfetten.

Hähnchenmägen in einen Topf geben und mit 2 bis 3 cm Wasser bedecken. Zum Kochen bringen, dann die Temperatur verringern und Hähnchenmägen bei zugedecktem Topf eine Stunde köcheln lassen. Abtropfen, auskühlen lassen und Hähnchenmägen in kleine Stücke schneiden.

In einer Rührschüssel Milch, rohe Eier, Senf und nach

Geschmack Salz und Pfeffer verquirlen. Boden der Backform mit Brot auslegen und Eiermischung auf das Brot
gießen. Hartgekochte Eier und Innereien auf dem Brot
verteilen und Brühe darübergießen. Die Form abdecken
und 45 Minuten backen. Auflauf etwas abkühlen lassen,
aber füttern, solange er noch warm ist. Ergibt ca. 2,3 l
Auflauf.

Bei diesem Auflauf ist es das Paprikapulver, das dem Gericht seinen besonderen Pfiff gibt. Aber nicht nur das, es ist auch in Null Komma nichts vorbereitet und ist genau das richtige Rezept, um einen von der Alltagskost gelangweilten Hund wieder auf den Geschmack zu bringen.

Auflauf »Fauler Hund«

        1 rohes Ei
250 ml Milch
125 ml Hühnerbrühe (Seite 128)
            Salz
            frisch gemahlener schwarzer Pfeffer
        2 hartgekochte Eier, gehackt
        6 Scheiben Brot, in Streifen
    150 g grob gehacktes, gekochtes Hähnchen
        2 Eßl. Butter
    1 Prise Paprika

Den Backofen auf 180 Grad vorheizen und eine Auflaufform von etwa 3 l Fassungsvermögen einfetten.
Rohes Ei, Milch, Brühe und nach Geschmack Salz und Pfeffer in eine Rührschüssel geben, gut verschlagen. Gehacktes Ei einrühren. Brot und Hähnchen in der Auflaufform verteilen. Über das Ganze die Eier-Milch-Mischung gießen, Butterflöckchen darauf verteilen und leicht mit Paprika bestäuben. 30 Minuten, bzw. bis die gesamte Flüssigkeit aufgenommen wurde und der Auflauf entlang des Randes angebräunt ist, überbacken. Vor dem Füttern ein wenig abkühlen lassen. Ergibt ca. 1,3 l Auflauf.

4. Vollwert-Fladen

Modernes Trockenfutter ist wie Hundebiskuits ein Abkömmling des »Hundekuchens« aus dem neunzehnten Jahrhundert, der im Grunde genommen eine Variante des Hartkekses war, welcher in früheren Zeiten als Schiffszwieback die Ernährung der Seefahrer, sowohl der Menschen als auch ihrer vierbeinigen Begleiter, sicherstellte. Es gibt zwar im Handel viele Trockenfuttersorten, aber die allermeisten basieren vorwiegend auf einer Mischung aus Weizen, Mais oder Reis, tierischen Nebenerzeugnissen bzw. »Mehl« sowie, zu geringeren Anteilen, Molkereiprodukten, Fett, Konservierungs- und Zusatzstoffen. Der Eiweißgehalt ist bei diesen Produkten höchst unterschiedlich und liegt, je nach Marke und Art, zwischen 20 und 30 Prozent. Wieviel Ihr Hund davon jedoch verwerten kann, hängt von der Qualität der Zutaten und der Verdaubarkeit des Eiweißes ab. Beispielsweise ist das im Weizen enthaltene Eiweiß Gluten nur halb so gut verdaulich wie Eiweiß aus Milch oder Rindfleisch. Zwar setzen die meisten renommierten Marken ihrem Futter Vitamine und Mineralstoffe zu, man darf jedoch nicht vergessen, daß viele Nährstoffe bei Verarbeitung und Lagerung verlorengehen. Es ist daher nicht ratsam, Hundefutter in großen Mengen zu kaufen, selbst wenn das billiger und bequemer ist. Ein Heimtierfutterhändler, mit dem ich gesprochen habe, meinte, das Futter sei nach seiner Ansicht schon einige Monate alt, wenn es seine Auslagen erreicht und rät aus diesem Grund seinen Kunden, die Kost ihrer Heimtiere mit hochwertigen Vitaminen und Mineralstoffen zu ergänzen.

Es ist also völlig einleuchtend, daß man Trockenfutter zur Gewährleistung der Frische nur in kleinen Mengen kaufen oder selbst zubereiten, es bald verfüttern und es in der Zwischenzeit gut verschlossen im Kühl- bzw. Gefrierschrank aufbewahren sollte. Zutaten wie Knochenmehl, Bierhefe und Roggenmehl sind im Reformhaus bzw. Naturkostladen erhältlich.

Raufen Sie nicht mit Ihrem heranwachsenden Welpen, sticheln Sie ihn nicht, und ermuntern Sie ihn nicht, die Hand, den Arm oder den Fuß mit dem Maul zu greifen. Was bei einem zweimonatigen Welpen noch possierlich wirkt, kann zu einer Gefahr für Leib und Leben werden, wenn der Hund sein kräftiges Gebiß entwickelt hat. Denken Sie daran, daß ein Hund achtmal mehr Kraft in seinen Kiefern besitzt als ein Mensch.

Ihr Hund wird diesen einfachen Fladen immer gerne essen. Besonders gut sind die Brocken als Grundlage für einen Eintopf oder zu einer schmackhaften Fleischsauce.

Abwandlung:
Eine leckere Hundepizza wird daraus, wenn Sie vor dem Backen den Teig mit kurz angebratener und zu kleinen Stückchen zerdrückter Wurst, mit Schinkenspeck, getrocknetem Fisch, Schinken oder Salami bestreuen.

Fünfkorn-Fladen

> 300 g Vollkorn-Weizenmehl
> 230 g Mehl Type 550
> 75 g Sojamehl
> 150 g Maisgrieß
> 150 g fettarmes Milchpulver
> 150 g Haferflocken

       75 g *Weizenkeime*
       75 g *Bierhefe*
     1 Eßl. *Salz*
         1 *großes Ei*
     5 Eßl. *Maiskeimöl*
     750 ml *Wasser*

Den Backofen auf 180 Grad vorheizen und zwei Backbleche von 33 x 23 cm einfetten.
Vollkorn-Weizenmehl, Mehl Type 550, Sojamehl, Milchpulver, Haferflocken, Bierhefe und Salz in einer großen Rührschüssel vermischen. In einer kleinen Schüssel Ei und Öl
mischen. Wasser in die Mehlmischung einrühren, dann die
Ei-Öl-Mischung dazugeben, alles gut verrühren. Dies ergibt einen dünnen Teig.
Den Teig auf die Backbleche aufteilen und etwas mehr als
1 cm dick gleichmäßig darauf verteilen, etwa wie für eine
Pizza.
45 Minuten backen. Fladen auskühlen lassen und dann in
kleine Stücke brechen. In verschlossenem Behälter im
Kühlschrank aufbewahren oder in Portionen aufteilen, diese in Gefrierbeutel füllen und einfrieren. Ergibt ca. 2 kg
Fladenbrocken.

Hunde haben mehr Respekt vor ihrem Herrn, wenn man ihnen die Grundschule des Gehorsams beibringt. Hunde sind lernfreudig und wollen gefordert werden, um ihre Intelligenz anwenden und den ihnen innewohnenden Wunsch, etwas gut zu machen, befriedigen zu können.

Der Maisgrieß macht diesen Fladen sogar noch knuspriger als den Fünfkorn-Fladen.

Maisfladen

   300 g Vollkorn- Weizenmehl
   300 g Maisgrieß
   150 g fettarmes Milchpulver
    40 g Bierhefe
   1 Eßl. Knochenmehl
    1 Tl. Salz
  750 ml Wasser
  125 ml Maiskeimöl

Den Backofen auf 180 Grad vorheizen und zwei Backbleche von 33 x 23 cm einfetten.
Vollkornmehl, Maisgrieß, Milchpulver, Bierhefe, Knochenmehl und Salz in einer großen Rührschüssel mischen. Ergibt einen sehr dünnen Teig.
Den Teig auf die Backbleche aufteilen und etwas mehr als 1 cm dick darauf verteilen, etwa wie für eine Pizza. 45 Minuten backen. Fladen auskühlen lassen und dann in kleine Stücke brechen. In verschlossenem Behälter im Kühlschrank aufbewahren oder in Portionen aufteilen, diese in Gefrierbeutel füllen und einfrieren. Ergibt ca. 1,3 kg Fladenbrocken.

Befreiung von den Folgen einer Begegnung mit einem Stinktier

Baden Sie den Hund mit Tomatensaft, achten Sie dabei aber darauf, daß kein Tomatensaft in seine Augen kommt, und spülen Sie die Augen gut mit klarem Wasser. Ein Hund, der die Drüsenflüssigkeit eines Stinktiers ins Gesicht bekommen hat, kann eine Bindehautentzündung bekommen. Da der Geruch so stark ist, müssen Sie damit rechnen, diese Kur mehrmals zu machen. Sie können auch speziell für das Entfernen von »Eau de Skunk« entwickelte Produkte verwenden. Um den sich im Haus verbreitenden Geruch zu bändigen, kochen Sie farblosen Essig. Die Essigdämpfe werden Sie zumindest ablenken.

Der Naturreis hält diesen Fladen weich und feucht.

Hafer-Reis-Fladen

300 g Mehl Type 550
150 g Haferflocken
150 g gekochter brauner Reis
75 g fettarmes Milchpulver
1 Eßl. Knochenmehl
1 Ei
3 Eßl. Maiskeimöl
2 Eßl. Tamarisauce
250 ml Wasser

Den Backofen auf 180 Grad vorheizen und ein großes Backblech einfetten. Mehl, Haferflocken, Reis, Milchpulver und Knochenmehl in eine große Rührschüssel geben. Ei, Maiskeimöl und Tamarisauce in eine kleine Schüssel geben. Wasser in die Mehlmischung einrühren, dann die Eimischung dazugeben und das Ganze gut verrühren. Ergibt einen sehr dünnen Teig.

Den Teig gleichmäßig mit einer Dicke von etwas mehr als 1 cm auf dem Backblech verteilen, etwa wie für eine Pizza. 45 Minuten backen. Fladen auskühlen lassen und dann in kleine Stücke brechen. In verschlossenem Behälter im Kühlschrank aufbewahren oder in Portionen aufteilen, diese in Gefrierbeutel füllen und einfrieren. Ergibt ca. 1 kg Fladenbrocken.

Die Ausbildung eines Menschen
braucht Zeit. Mancher Mensch rea-
giert ein wenig langsam, aber der
Hund, der Nachsicht übt und sich in
den Menschen hineinzuversetzen
versucht, wird dafür mit einem
treuen Freund belohnt.

Corey Ford,
Every Dog Should Own His Own Man

Dieser kuchenähnliche und feuchte Fladen enthält den für
Hunde so unwiderstehlichen geriebenen Käse.

Buchweizen-Käse-Fladen

300 g Vollkorn-Weizenmehl
 75 g Sojamehl
150 g gekochte Buchweizengrütze
125 ml Distelöl
375 ml Wasser
 1 Eßl. Tamarisauce
150 g grob geriebener Chester

Den Backofen auf 180 Grad vorheizen und ein großes
Backblech einfetten.
Vollkornmehl, Sojamehl und Buchweizen in eine große
Rührschüssel geben und gut mischen. Öl, Wasser und Tamarisauce in einer kleinen Schüssel mischen. Diese Flüssigkeit in die Mehlmischung einrühren und gut vermischen. Den Käse unterheben. Den Teig etwas mehr als 1 cm
dick auf dem Backblech verteilen. 25 Minuten backen. Fladen auskühlen lassen und dann in kleine Stücke brechen.
Ergibt ca. 1 kg Fladenbrocken.

Diese Pizza für Hunde stellt eine gute Möglichkeit dar,
Fleischreste von Braten und Eintöpfen zu verwerten. Achten
Sie darauf, diesen Fladen im Kühlschrank aufzubewahren.

Fladen für Fleischfresser

   300 g Vollkorn-Weizenmehl
   150 g Roggenmehl
   150 g Milchpulver aus entrahmter Milch
    1 Tl. Knochenmehl
  ½ Tl. Salz
     2 Eier
 125 ml Maiskeimöl
     2 Knoblauchzehen, sehr fein gehackt
 2 Eßl. Worcestersauce
 375 ml Wasser
ca. 400 g gekochtes Rinder-, Schweine- oder Kalbshackfleisch

Den Backofen auf 180 Grad vorheizen und ein großes
Backblech einfetten. Vollkornmehl, Roggenmehl, Milch-
pulver, Knochenmehl und Salz in eine große Rührschüssel
geben. Eier in einer kleinen Schüssel verquirlen, dann Öl
untermischen. Knoblauch und Worcestersauce einrühren.
Wasser zur Mehlmischung geben und gut verrühren. Die
Eiermischung unterheben und gründlich verrühren. Das
Fleisch zugeben und gleichmäßig mit dem Teig mischen.
Das Ganze etwas mehr als einen Zentimeter dick auf dem
Backblech verteilen und 45 Minuten backen. Den Fladen
auskühlen lassen und dann in bißgerechte Stücke brechen.
Im Kühlschrank aufbewahren und innerhalb von 2 Tagen
verfüttern oder portionsweise einfrieren. Ergibt ca. 900 g
Fladenbrocken.

Polizeihund verzichtet auf Geburtstagsessen

Der Deutsche Schäferhund Dox wirkte in seinen fünfzehn Dienstjahren bei der Turiner Polizei bei der Ergreifung von 400 Straftätern mit. Zusammen mit seinem Hundeführer war Dox ein häufiger und gerngesehener Speisegast in den Turiner Trattorias. An seinem Geburtstag durfte sich der Hund in einer Stammgaststätte seiner Wahl ein freies Essen aussuchen.

An seinem dreizehnten Geburtstag schien Dox sich nicht schlüssig zu sein, wo er sein übliches Festmahl aus Pasta und Schweinefleisch einnehmen wollte und zog seinen Hundeführer von Restaurant zu Restaurant. Aufgeregt schnüffelnd betrat er unvermittelt ein kleines Restaurant und lief zielstrebig auf einen in einer dunklen Ecke essenden Mann zu. Dox' Hundeführer erkannte in dem Mann sofort einen Straftäter, der dem Team sechs Jahre zuvor durch die Lappen gegangen war. Dox erinnerte sich jedoch noch nach all den Jahren an den Geruch des Mannes und spürte ihn auf.

aus: Margaret Davidson,
Seven True Dog Stories

Viele schüchterne, nervlich gespannte Hunde neigen zu Mißtrauen und können ohne großen Anlaß angreifen oder beißen. Fachleuten zufolge sind kleine, nervöse Hunde eher zum Beißen geneigt als größere Hunde. Es muß ja auch schwer sein, klein und zartbesaitet zu sein in einer Welt voll großer, tappender Tiere.

Laut Beatrice Leydecker, Verfasserin von »Was die Tiere mir sagen«, ist die »stille Bildkommunikation« ein funktionierendes Verfahren. Man muß lediglich lernen, sich auf das kleine Tiergehirn einzustellen und seine ach so schwachen

Signale zu empfangen. (PS: Ich habe meine Katze zu ihr in die Sprechstunde gebracht, und die Katze hat sie angelogen, was ein Hund nie tun würde.)

Und hier eine kurze hilfreiche Übung für Ihr fragiles Hundchen.
Die K(n)ochbuch-Visualisierungsübung für schüchterne Hunde:

* Setzen Sie sich vor Ihren Hund.
* Stellen Sie sich ihn bildhaft in einer Streßsituation vor.
* Stellen Sie sich vor, wie er die Lage mit Mut und Selbstvertrauen bewältigt.
* Sehen Sie ihn vor sich, wie er die Begegnung erfolgreich beendet und selbstsicher schwanzwedelnd davonzieht.

5. Suppen

Die meisten Hunde sind begeisterte Suppenfans und schlecken zuerst die Fleischbrühe auf, bevor sie sich an den anderen Zutaten laben. Suppe ist aus einer ganzen Reihe von Gründen eine gute Wahl für Hunde, deren Flüssigkeitszufuhr gesteigert werden muß – im Alter, bei Krankheit, bei heißem Sommerwetter.
Man muß unbedingt eine Grundbrühe für Hunde zur Hand haben. Der volle Geschmack verbessert viele Gerichte, seien es Eintöpfe oder Fleischgerichte, und man kann die Brühe, wenn man sie nicht abseiht, mit allen darin enthaltenen Gemüsen über Fladen und anderes Trockenfutter geben.

Nie »ohne« verreisen

Für den fahrenden Vierbeiner empfiehlt es sich, die Reise mit einem gültigen Gesundheitszeugnis und einer Tollwutimpfbescheinigung anzutreten. Bei der Rückkehr in die USA ist eine Tollwutimpfbescheinigung zwingend erforderlich, am besten nimmt man immer sämtliche Unterlagen mit, die Auskunft über die Impfungen geben.

Grundbrühe für Hunde

  1 kg *fleischige Rinderknochen*
125 ml *Wasser*
150 g *gehackte Zwiebeln*
150 g *gehackter Sellerie*
150 g *gehackte Karotten*
  60 ml *Tomatenmark*
    3 *Stengel Petersilie*
  1 Tl. *Salz*
    3 *schwarze Pfefferkörner*
  2 l *Wasser*

Den Backofen auf 180 Grad vorheizen. Knochen auf ein großes Bratblech geben und eine Stunde im Ofen braten, dabei
ein-, zweimal wenden, damit sie von allen Seiten braun
werden. Fett abgießen. Das Bratblech bei mittlerer Hitze auf
eine Herdplatte stellen. 125 ml Wasser hineingießen und
den Fond mit allen angesetzten braunen Stückchen lösen.
Den Fond beiseite stellen.
In einem großen Topf oder Bräter das Öl bei mittlerer Hitze
heiß machen. Zwiebel, Sellerie und Karotten hineingeben
und unter häufigem Umrühren anschwitzen, bis die Zwiebeln glasig sind. Gebratenen Knochen, Tomatenmark, Petersilie, Salz, Pfefferkörner, den beiseite gestellten Fond
und die 2 l Wasser hinzugeben. Bei starker Hitze zum
Kochen bringen, die Temperatur verringern und zugedeckt 2 Stunden köcheln lassen. Um das Ganze als Brühe
zu verwenden, die Mischung abseihen, auf Zimmertemperatur abkühlen lassen und in den Kühlschrank stellen.
Dann das erstarrte Fett abnehmen und die Brühe im Kühlschrank aufbewahren oder einfrieren.
Zur Verwendung als Suppe die Knochen herausnehmen
und die Suppe über Gemüse oder Fladen geben. Ergibt
etwa 1,5 l Brühe bzw. 2,5 l Suppe.

Durch Zugabe von Hühnerbrühe aus der Dose kann man den Geschmack dieser Brühe noch verbessern. Wenn Sie jedoch eine leichtere Brühe möchten, verwenden Sie nur Wasser.

Hühnerbrühe

  4 Eßl. Maiskeimöl
1000 g Hähnchenhälse und Hähnchenrücken (Bürzel)
      1 gr. Dose (ca. 1,3 l) Hühnerbrühe oder 1,3 l Wasser
  300 g gehackte Zwiebeln
  150 g gehackte Karotten
      3 Stengel Petersilie
      1 l Wasser

In Bräter oder großem Topf 2 Eßl. Öl bei mittlerer Hitze heiß machen. Hühnerklein hinzufügen und auf allen Seiten anbräunen. Hühnerklein herausnehmen und zur Seite stellen. 125 ml Brühe in den Topf geben und den Fond, einschließlich angesetzter brauner Stücke, lösen. Den Fond zu den Hühnerteilen geben. Im selben Topf die beiden restlichen Eßl. Öl bei mittlerer Hitze erhitzen. Zwiebeln und Karotten hinzufügen und anschwitzen, bis die Zwiebeln glasig sind. Beiseite gestellte Hühnerteile und Fond, Petersilie, restliche Hühnerbrühe und Wasser hinzugeben und zum Kochen bringen. Temperatur verringern und die Brühe zugedeckt 2 Stunden köcheln lassen.
Zur Verwendung als Brühe das Ganze abseihen, auf Zimmertemperatur abkühlen lassen und in den Kühlschrank stellen. Dann das Fett von der Oberfläche entfernen. Die Brühe abdecken und innerhalb einiger Tage aufbrauchen oder zur späteren Verwendung portionsweise einfrieren.
Zur Verwendung als Suppe das Hühnerklein herausnehmen und die Brühe samt Gemüse über Fladenbrocken oder Reis geben. Ergibt etwa 2,5 l Brühe bzw. 3 l Suppe.

Diese Klößchen sind einfach hervorragend, wenn sie mit der Kochflüssigkeit über Fladen gegeben werden. Ich finde, sie sehen besonders gut aus, wenn man sie mit der Hand zu kugelrunden Klößchen formt. Ihr Hund wird sie jedoch genauso mögen, wenn Sie sie einfach mit dem Teelöffel abstechen und direkt in die Brühe geben.

Hundeklößchen

2 Eßl. Butter
1 fein gehackte Zwiebel
1 Eßl. gehackte glatte Petersilie
400 g fein gehackte Rinder- oder Hühnerleber
$\frac{1}{4}$ Tl. Majoran
Salz, frisch gemahlener schwarzer Pfeffer
150 g Semmelbrösel
125 ml heißes Wasser
1 großes Ei, verquirlt
Hühnerbrühe (Seite 128) oder Grundbrühe für Hunde (Seite 127)

Bei mittlerer Hitze die Butter in einer Pfanne zerlassen. Zwiebel und Petersilie hinzugeben und 5 Minuten unter häufigem Umrühren anschwitzen. Das Ganze in eine Rührschüssel geben.

Semmelbrösel in einer kleinen Schüssel mit etwa 125 ml heißem Wasser, bzw. soviel, daß man einen dicken Brei erhält, anfeuchten. Den Brei mit der Leber und den Zwiebeln verarbeiten. Ei zugeben, gut mischen, abdecken und die Mischung 30 Minuten zum Festwerden ruhen lassen.

Mit angefeuchteten Händen die Masse in 2 bis 3 große Klößchen formen oder Klößchen mit einem Teelöffel abstechen und sofort in etwa 2,5 l in einem offenen Topf kochende Hühner- oder Grundbrühe geben und dort 3 Minuten offen kochen lassen. Ergibt etwa 36 Klößchen.

Der Saluki (Persischer Windhund) ist eine der ältesten Rassen und geht zurück bis in die Zeit des alten Sumerischen Reiches vor siebentausend Jahren. Im Land der Pharaonen wurde der Saluki so verehrt, daß man ihn nach dem Tod einbalsamierte und an der Seite seines Herren im Grab an den Ufern des Nils beisetzte.

Welcher Hetzhund, der etwas auf sich hält, könnte nach einem langen Tag unterwegs dieser schmackhaften Suppe widerstehen? Die zusätzlichen Karotten liefern das für mitternächtliche Jagdausflüge so wichtige Vitamin A.

Scharfsehersuppe »Saluki«

    2 Eßl. Butter
          1 fein gehackte Zwiebel
    300 g ungeschabte, in dicke Scheiben geschnittene Karotten
     75 g ungekochter Reis
          1 mittelgroße, ungeschälte und in etwas mehr als
            0,5 cm dicke Scheiben geschnittene Kartoffel
    1 Prise getrockneter Majoran
    1 Prise getrockneter Thymian
    1 Prise getrockneter Oregano
    1 Prise frisch gemahlener weißer Pfeffer
            Salz
    450 ml Rinderbrühe
    250 ml Milch

Butter bei mittlerer Hitze in einem großen Topf zerlassen. Zwiebeln und Karotten hinzugeben und unter häufigem Umrühren anschwitzen, bis die Zwiebeln glasig sind. Reis, Kartoffel, Majoran, Thymian, Oregano, Pfeffer, Salz und Brühe hinzugeben. Falls nötig, soviel Wasser zugeben, daß das Gemüse bedeckt ist. Zum Kochen bringen, Temperatur verringern und die Suppe zugedeckt 20 Minuten, bzw. bis das Gemüse gar ist, köcheln lassen.

Die Suppe in Mixer oder Küchenmaschine pürieren und wieder in den Topf geben. Milch hinzufügen und bei mäßiger Hitze langsam sehr heiß machen, jedoch nicht zum Kochen bringen. Die Suppe über Fladenbrocken und übriggebliebenes gekochtes Fleisch geben. Ergibt etwa 1,3 l Suppe.

Diese cremige Suppe erweckt die Lebensgeister jedes Hundes. Sollte Ihr Hund auf kalorienreduzierte Kost gesetzt sein, ersetzen Sie die Crème fraîche durch fettarmen Naturjoghurt.

Feinschmecker-Lebersuppe

1 Eßl.	Pflanzenöl
500 g	Rinderleber, enthäutet und sehr fein gehackt
1,4 l	Grundbrühe für Hunde (Seite 127)
	Salz
	frisch gemahlener schwarzer Pfeffer
250 ml	Crème fraîche
1 bis 2 Eßl.	Mehl Type 550 (wahlweise)
2 Eßl.	gehackte Petersilie
	Fladenbrocken (Seiten 118 bis 123) oder im Dampf gegarter weißer Reis bzw. Naturreis

Bei mittlerer Hitze in einem Topf das Öl erhitzen. Leber hinzufügen und 5 Minuten unter häufigem Rühren anbraten. Brühe und nach Geschmack Salz und Pfeffer hinzufügen, zum Kochen bringen. Temperatur verringern und Suppe zugedeckt 30 Minuten köcheln lassen. Crème fraîche einrühren (wahlweise mit dem Mehl verrührt, wenn Sie eine sämigere Suppe möchten), erneut erhitzen. In tiefen Napf über Fladenbrocken oder Reis geben. Ergibt ca. 2 l Suppe.

Hier haben wir eine herzhafte, für jeden Hund geeignete Suppe, die allerdings speziell für Scotch Terrier gedacht ist, die zweifellos erblich bedingt ein starkes Verlangen nach Lamm, Gerste und Kohl in sich tragen. Der Nährwert ist am besten, wenn Sie ganze Gerstenkörner bzw. Nacktgerste verwenden. Die nährstoffärmste Form der Gerste sind Graupen, die im Verarbeitungsprozeß drei Viertel ihres Eiweißes und praktisch sämtliche Ballaststoffe verlieren.

Schottische Suppe

> 500 g *Lammfleisch, ohne Knochen, in 1,5 cm große Stük-*
> *ke geschnitten*
> 1,5 l *Wasser*
> 50 g *Gerste bzw. Nacktgerste*
> 1 Eßl. *Sojasauce*
> 3 *schwarze Pfefferkörner*
> 1 *gehackte Zwiebel*
> 2 *Karotten, grob gehackt*
> 1 *Stange Staudensellerie, in dünnen Scheiben*
> ½ *Wirsingkopf, gehobelt*
> 2 Eßl. *gehackte Petersilie*

Lamm und Wasser in einen Suppentopf geben und zum Kochen bringen. Gerste und Sojasauce hinzugeben, Temperatur verringern und Suppe bei offenem Topf 45 Minuten köcheln lassen. Gegebenenfalls abschäumen. Zwiebeln, Karotten und Sellerie hinzugeben und noch 1 Stunde köcheln lassen, nach 30 Minuten den Kohl zugeben. In hohem Napf mit Petersilie bestreut servieren. Ergibt ca. 2,5 l Suppe.

Phebes Frauchen Erin berichtet: »Phebe weiß genau, wann ich ›ihre‹ Suppe koche und ist an dem ganzen Vorgang sehr interessiert. Ich bin sicher, sie ist sehr schmackhaft, denn Phebe führt einen ganz schönen Indianertanz auf und schleckt sich die Lefzen, während ihr Napf gefüllt wird.«
Hähnchenmägen und -herz liefern jeweils 101 und 93 g Eiweiß je Pfund. Das ist mehr als Roastbeef, aber zu einem Viertel des Preises.

Phebes Winter-Hundesuppe

1000 g Hähnchenmägen und Hähnchenherzen oder Rinderherz, grob gehackt
 300 g Gerste bzw. Nacktgerste
        Gemüse der Saison, klein geschnitten: Karotten, Zwiebeln, ganze Knoblauchzehen, Kohl etc.
 1 Tl. Instantpulver für Bouillon
   2 l Wasser
        Fladenbrocken (Seiten 118 bis 123)

Fleisch, Gerste, Gemüse und Instantbrühe in einen großen Suppentopf geben, Wasser hinzufügen und zum Kochen bringen. Hitze verringern und Suppe zugedeckt 30 Minuten köcheln lassen. Heiß über Fladenbrocken servieren. Ergibt etwa 3,5 l Suppe.

Abwandlung: Phebes Sommer-Hundesuppe
Sommergemüse der Saison verwenden. Die Gerste durch Bulgur ersetzen und erst zugeben, wenn die Suppe gekocht ist. Dann den Bulgur einrühren und garziehen lassen.

In diesem Rezept verbinden sich Mais, der eine hervorragende Quelle für Vitamin A ist, und Bohnen zu einem eiweißreichen Eintopf, den Ihr Hund ebenso schmackhaft wie einen Fleischeintopf finden wird.

Vegetarischer Hundetopf

2	*mittelgroße, ungeschälte, in 2 cm große Würfel geschnittene Kartoffeln*
750 ml	*Wasser*
2 Eßl.	*Pflanzenöl*
1	*Knoblauchzehe, sehr fein gehackt*
1	*grob gehackte Zwiebel*
600 g	*frische oder tiefgekühlte Maiskörner*
150 g	*gekochte Kidneybohnen*
250 ml	*Milch*
1 Prise	*frisch gemahlene Muskatnuß*
	Salz
	frisch gemahlener schwarzer Pfeffer

Wasser und Kartoffeln in einen kleinen Topf geben und bei mittlerer Hitze kochen. Temperatur verringern und die Kartoffeln kochen, bis sie gar sind, d. h. etwa 15 bis 20 Minuten. Die Kartoffeln abschütten, Kartoffelwasser ebenfalls aufbewahren. Bei mittlerer Hitze das Öl in einem großen Topf erhitzen. Knoblauch und Zwiebeln zugeben, anschwitzen, bis die Zwiebelstücke weich und glasig sind. Mais zugeben und weitere 2 bis 5 Minuten andünsten. Bohnen und beiseite gestelltes Kartoffelwasser einrühren und das Ganze zum Kochen bringen. Temperatur verringern und Suppe zugedeckt 5 bis 8 Minuten, bzw. bis der Mais gar ist, köcheln lassen. Während die Suppe kocht, die Kartoffeln mit der Milch pürieren. Zur Suppe hinzugeben und erhitzen, aber nicht kochen lassen. Muskat hinzugeben und mit Salz und Pfeffer abschmecken. Heiß servieren. Ergibt ca. 2,5 l Suppe.

6. Hauptgerichte

Sie können Ihrem Hund jetzt die gleichen Gaumenfreuden
bieten, die Sie sich selbst genehmigen, wenn Sie eine gut
zubereitete, beglückende Mahlzeit zu sich nehmen. Ihr
Hund entdeckt dabei eine wunderbare neue Palette, die
sich aus dem Zusammenwirken der Konsistenz, des subti-
len Dufts und des delikaten Geschmacks der nachfolgen-
den Hauptgerichte ergibt. Auch die wählerischsten Vierbeiner werden ganz angetan sein von der Vielfalt dieser
Fleisch-, Fisch- und Geflügelrezepte. Für den abenteuer-
lustigen Hund gibt es Rezepte, die die »Beute des Tages« zu
einem Festmahl verwandeln. Der kosmopolitische Hund
wird in den international inspirierten Mahlzeiten schwel-
gen, und sein Appetit wird noch angeregt durch die Reste-
tüte (»das ist für den Hund«), die ab und zu von einem
Vier-Sterne-Restaurant der Menschen mitkommt.
Diese Hauptgerichte bieten auch praktische, rustikale Rezepte für jeden Tag. Wenn Ihr Hund sich einige Lieblingsgerichte ausgesucht hat, ist die Versuchung da, ihm ausschließlich diese zu geben. Um eine optimale Ernährung
sicherzustellen, ist es jedoch wichtig, nicht in eingefahre-
nen kulinarischen Gleisen zu bleiben. Achten Sie darauf,
den Speiseplan Ihres Schützlings vielseitig zu gestalten,
und vergessen Sie auch die Vitamine nicht.

Im Jahr 1927 veröffentlichte Iwan Petrowitsch Pawlow die Ergebnisse seines berühmt gewordenen Versuchs zum Konzept des konditionierten Reflexes. Zwar war offenkundig, daß ein Hund in Erwartung von Nahrung Speichel absondert, aber Pawlow beobachtete etwas mehr. Läutete man jedesmal, wenn das Futter bereitgestellt wurde, eine Glocke, dann genügte nach einer Weile allein das Erklingen der Glocke, damit der Hund Speichel abzusondern begann. Die Speichelabsonderung als Reaktion auf Nahrung ist angeboren, ein angeborener Reflex, die Speichelabsonderung als Reaktion auf das Erklingen einer Glocke ist jedoch ein erlernter, ein konditionierter Reflex.

Sogar Pawlow liefe bei dem nachstehenden Rezept das Wasser im Munde zusammen.

Pawlows Entzücken

    1 Eßl. Butter
  500 g Rindfleisch aus Fehl- oder Hochrippe, ohne Knochen, und in 2 bis 3 cm große Stücke geschnitten
  300 g geschälte und geviertelte weiße Rüben
  1,5 l Wasser
     1 Lorbeerblatt
    ½ Weißkohl, gehobelt
       Saft von einer Zitrone
  1 Tl. Essig
  1 Tl. Zucker
       Salz
       frisch gemahlener schwarzer Pfeffer
       Fladenbrocken (Seiten 118 bis 123)
       saure Sahne oder Joghurt zum Garnieren

Bei mittlerer Hitze Butter in einem großen Suppentopf zerlassen, Rindfleisch hinzugeben und von allen Seiten anbräunen. Rüben und Wasser in den Topf geben und zum Kochen bringen. Lorbeerblatt hinzugeben, Temperatur verringern und das Ganze zugedeckt 30 Minuten köcheln lassen. Topf von der Platte nehmen.

Suppe abschäumen, Rüben aus dem Topf nehmen und bei Zimmertemperatur soweit abkühlen lassen, daß man sie anfassen kann. Rüben in den Topf reiben, Karotten, Kohl, Zitronensaft, Essig und Zucker zugeben und mit Salz abschmecken. Suppe zum Kochen bringen, Temperatur verringern und nochmals 20 bis 30 Minuten köcheln lassen. Lorbeerblatt herausnehmen.

Fladenbrocken in einen Napf geben und Suppe mit einer Kelle darübergeben. Mit saurer Sahne oder Joghurt garnieren und servieren. Ergibt ca. 2,5 l Suppe.

Der Bouvier des Flandres, ursprünglich »vuilbaard«, d. h. »Schmutzbart«, genannt, wurde von flämischen Züchtern als Hütehund für Rinderherden gezüchtet. Im ersten Weltkrieg wurde der Bouvier auch als Sanitätshund und als Meldehund eingesetzt und starb als Rasse beinahe aus, weil in den blutigen Kämpfen in Flandern so viele umkamen. In den zwanziger Jahren wurde jedoch glücklicherweise mit den wenigen verbleibenden Bouviers eine neue Zucht aufgebaut, und heute ist die Rasse erneut weit verbreitet.

Rindfleischtorte »Bouvier«

2 Eßl. Pflanzenöl
250 g Rindfleisch aus Fehl- oder Hochrippe, ohne Knochen, und in 2 bis 3 cm große Stücke geschnitten
250 g Kalbsschulter ohne Knochen, in 2 bis 3 cm große Stücke geschnitten
2 Eßl. Butter
3 Stangen Lauch, nur weiße Teile, gut gewaschen und in Scheiben geschnitten
3 Stangen Staudensellerie, in Scheiben geschnitten
3 Karotten, in Scheiben geschnitten
8 kleine weiße Zwiebeln, abgezogen
1 Eßl. Tamarisauce
1 Eßl. trockener Sherry
$\frac{1}{2}$ Tl. getrockneter Thymian
Salz
frisch gemahlener schwarzer Pfeffer
2 Eßl. gehackte Petersilie
125 ml Grundbrühe für Hunde (Seite 127), mit 2 Eßl. Speisestärke verrührt
Teig für eine gedeckte Torte von 23 cm Durchmesser

Den Backofen auf 180 Grad vorheizen. Öl bei mittlerer Hitze in einer großen Pfanne heiß machen. Rind- und Kalbfleisch hinzufügen, von allen Seiten gut anbräunen und dann in eine Schüssel geben.

In derselben Pfanne Butter zerlassen. Lauch, Sellerie, Karotten und Zwiebeln hinzugeben und 5 bis 8 Minuten, bzw. bis das Gemüse ein wenig weich geworden ist, anschwitzen. Das Fleisch mit dem Saft wieder in die Pfanne geben und Tamarisauce, Sherry, Thymian und nach Geschmack Salz und Pfeffer einrühren. Pfanne von der Platte nehmen und Petersilie einrühren.

Eine Hälfte des Teigs ausrollen und Tortenboden damit auskleiden.

Die Fleisch- und Gemüsefüllung hineingeben. Brühe-Stärke-Mischung umrühren und darübergeben. Den verbleibenden Teig zum Deckel (ca. 25 cm Durchmesser) ausrollen, auflegen und den Rand umbiegen und zusammendrücken. In der Deckelmitte einen Schlitz machen. 45 Minuten, bzw. bis das Backgut gut braun ist, backen. Ergibt eine Torte von 23 cm Durchmesser.

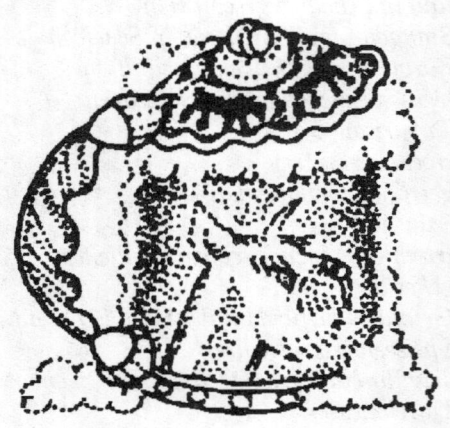

Jeder Hund hat seinen Tag.

Cervantes,
Don Quixote

Im Deutschland der Renaissance waren Schnauzer so populär, daß Künstler sie häufig auf Zeichnungen und Bil-
dern darstellten. Es heißt, Albrecht Dürer habe seinen
Schnauzer mehrmals porträtiert.

Schnauzerschnitzel

> *Fladenbrocken (Seiten 118 bis 123) oder gekochte*
> *Eiernudeln*
> *1000 g Kalbskeule ohne Knochen, in dünne Streifen ge-*
> *schnitten*
> *150 g Mehl*
> *2 Eigelb, verquirlt*
> *150 g Semmelbrösel*
> *4 Eßl. Butter*
> *Spritzer frischer Zitronensaft*

Fladenbrocken oder Nudeln in den Napf geben.
Kalbfleisch in Mehl, dann im Eigelb und anschließend in
den Semmelbröseln wenden. In einer Bratpfanne Butter
zerlassen, Kalbfleisch in mehreren Durchgängen zugeben,
rundum anbraten und die gebräunten Fleischstücke in den
Napf geben. Mit Zitrone beträufeln und aufgeben. Ergibt
ca. 1000 g Schnitzel.

Der Akita kam von der japanischen Insel Honschu nach China und wurde dort zur Jagd auf Rotwild, Wildschwein und sogar Bär eingesetzt. Die Japaner sehen im Akita ein schutzwürdiges Nationalgut und haben daher seine Verwendung in Hundekämpfen verboten. In den USA und Europa hat der Akita eine eigenständige Rolle als Begleithund gefunden.

Sukiyaki

500 g Keulensteak ohne Knochen
 60 g Glasnudeln (in Chinaläden)
  1 Stück Rindertalg oder 2 Eßl. Pflanzenöl
  4 Frühlingszwiebeln, in 2 bis 3 cm großen Stücken
  2 kleine Zwiebeln, geviertelt
150 g Champignons, halbiert
150 g Sojabohnenkeime
2 Eßl. Sojasauce
  1 Tl. Zucker
450 ml Rinderbrühe
125–
250 g fester Tofu, in 2 bis 3 cm große Würfel
       geschnitten
       im Dampf gegarter weißer Reis

Rindfleisch einfrieren, bis es so fest ist, daß es in sehr dünne Scheiben geschnitten werden kann. Scheiben beiseite stellen.

In großem Topf 2,5 l Wasser zum Kochen bringen. Glasnudeln hineingeben, Temperatur verringern und bei offenem Topf 10 Minuten köcheln lassen, dann abseihen und in 5 bis 7 cm lange Stücke schneiden. Beiseite stellen.

Eine große Bratpfanne oder einen Wok auf eine sehr heiße Platte stellen und Boden und Seiten mit dem Fett abreiben bzw. mit Öl einpinseln. Zwiebelgrün, Zwiebeln, Pilze und Bohnenkeime hineingeben und schnell kochen lassen, bis sie weich sind, dabei einmal wenden. Die Gemüse an den Rand der Pfanne schieben. Pfannenboden mit Fleischscheiben auslegen. Auf einer Seite kurz anbraten, mit Sojasauce beträufeln und Zucker daraufstreuen, dann 2 Eßl. Brühe dazugeben.

Glasnudeln, Tofu und restliche Brühe hinzugeben, das Ganze gründlich erhitzen. Reis in einen Napf geben, Sukiyaki darauf anrichten und sofort servieren. Ergibt ca. 1,5 kg Sukiyaki.

Dies ist ein mildes Chili, das den meisten Hunden, aber besonders dem Mexikanischen Nackthund, gefallen wird, dessen Vorfahren vor dem neunzehnten Jahrhundert die Hauptzutat in südamerikanischen Suppen waren. Denken Sie daran, daß Hunde eine fadere Kost als Menschen bevorzugen, würzen Sie das Chili also nicht zu stark. Normales, im Supermarkt erhältliches Chilipulver, in der hier angegebenen Menge verwendet, ist gerade würzig genug.

Chili »Armer Hund«

    2 Eßl. Pflanzenöl
    500 g mageres Rinderhackfleisch
        1 mittelgroße gehackte Zwiebel
        1 gehackte grüne Paprika
        1 Dose (450 g) Kidneybohnen
        1 Dose (175 g) Tomatensauce
    250 ml Hühnerbrühe (Seite 128)
           Salz
           frisch gemahlener schwarzer Pfeffer
    2 Eßl. Chilipulver
      1 Tl. gemahlener Kreuzkümmel
    1/4 Tl. gemahlene Nelken
           im Dampf gegarter Reis oder Fladenbrocken
           (Seiten 118 bis 123)

Öl bei mittlerer Hitze in einer Bratpfanne heiß machen, das Rinderhack hinzugeben und anbräunen, dabei mit einem Holzlöffel zerbröckeln. Hackfleisch mit einem Pfannenheber herausnehmen und in einen großen Topf geben.
In die Bratpfanne Zwiebeln und Paprika geben und bei mittlerer Hitze etwa 5 Minuten anschwitzen, bis die Zwiebeln glasig sind. Zwiebelmischung zusammen mit Bohnen, Tomatensauce und Hühnerbrühe zum Hackfleisch geben

und alles gut vermischen. Chili abschmecken, um festzustellen, ob Salz oder Pfeffer fehlt. Chilipulver, Kümmel und Nelken nach und nach jeweils in ganz kleiner Menge einrühren und immer wieder abschmecken. Chili nach Zugabe der Gewürze 45 Minuten zugedeckt köcheln lassen. Chili über Reis oder Fladenbrocken servieren. Ergibt etwa 1,3 l Chili.

Die Gemüse und die Fleischklößchen in diesem Gericht werden durch das reiche Aroma der Markknochen verfeinert, die nach dem Auskochen wegzuwerfen sind. Ihr Hund wird sich an der vitaminreichen Pastinake, den vitaminreichen Karotten und an den schmackhaften Fleischklößchen gütlich tun und das Knabbern an dem verbotenen Knochen nicht vermissen.

Rumänischer Hundetopf mit Fleischklößchen

> 1 Markknochen
> 2 l Wasser
> 2 Karotten, in 2 bis 3 cm dicken Scheiben
> 1 Pastinake, in 2 bis 3 cm großen Stücken
> 1 Eßl. Butter
> 2 Zwiebeln, in dicke Scheiben geschnitten
> 2 große Eier
> 350 g Rinderhackfleisch
> 1 Eßl. Semmelbrösel
> Salz
> frisch gemahlener schwarzer Pfeffer
> Fladenbrocken (Seiten 118 bis 123), geröstetes Brot oder im Dampf gegartes Getreide
> Joghurt
> gehackte Petersilie

Markknochen in einen großen Topf geben, Wasser hinzufügen und bei starker Hitze zum Kochen bringen. Temperatur verringern und den Knochen 1,5 Stunden köcheln lassen, dabei von Zeit zu Zeit abschäumen. Karotten und Pastinake hinzufügen und weitere 30 Minuten kochen lassen.

Butter in einer Pfanne zerlassen, Zwiebel hineingeben und bei mittlerer Hitze anschwitzen, bis sie weich und glasig sind. Zwiebeln in die Suppe geben und 15 Minuten, bzw. bis die Fleischklößchen vorbereitet sind, kochen.

Eier in einer Schüssel leicht verquirlen; Rinderhack, Semmelbrösel und nach Geschmack Salz und Pfeffer hinzufügen und alles gut mischen. Aus der Masse 2 bis 3 cm große Fleischklößchen formen, in die Suppe geben und weitere 45 Minuten köcheln lassen. Über Fladenbrocken, geröstetem Brot oder dampfgegartem Getreide aufgeben. Darüber, falls gewünscht, Joghurt geben und mit Petersilie bestreuen. Ergibt etwa 2,5 l Eintopf.

Manche glauben, der Bluthund hätte seinen Namen wegen seiner noblen Zuchtlinien, bei denen das Blut der Rasse durch sorgfältige Züchtungsbemühungen in mittelalterlichen Klöstern reingehalten wurde. Andere sagen, der Name wäre zur Würdigung seiner herausragenden Jagdfähigkeiten verliehen worden – für seinen hochentwickelten Geruchssinn, der ihn zielsicher zu waidwunder Beute führt. Der Bluthund ist ein außergewöhnlicher Schweißhund, von dem belegt ist, daß er der Spur eines Menschen über 75 km weit folgte. Von einem Hund wird behauptet, er habe Polizisten zu einem Gesuchten geführt, dessen Spur er über 207 km verfolgte.

Herzhaftes Haschee

2 Eßl. Butter
2 fein gehackte Zwiebeln
120 g gekochte gewürfelte Kartoffeln
300 g gekochtes gewürfeltes Rindfleisch
450 ml Grundbrühe für Hunde (Seite 127)
1 Eßl. Worcestersauce
2 Eßl. Tomatenmark
150 g frische oder tiefgekühlte Maiskörner
Salz
frisch gemahlener schwarzer Pfeffer
450 g frischer Spinat, verlesen und gut gewaschen,
oder
1 Päckchen (300 g) aufgetauter Tiefkühlspinat

Butter in einer großen Pfanne bei mittlerer Hitze zerlassen, Zwiebeln hineingeben und anschwitzen, bis sie weich und glasig sind. Kartoffeln, Fleisch, Brühe, Worcestersauce und Tomatenmark einrühren und 20 Minuten leicht kochen lassen. Die Masse sollte steif, aber leicht

umrührbar sein. In den letzten 5 Minuten den Mais zuge-
ben und mit Salz und Pfeffer abschmecken. Den frischen
Spinat im Dampf garen, bis er gerade weich ist, bzw. den
Tiefkühlspinat nach der Packungsanweisung kochen. Spi-
nat auf einen Teller geben und Haschee darauf verteilen.
Ergibt etwa 1,2 l Haschee.

Weshalb brennen Hunde durch?

* Langeweile
* Mangel an Aufmerksamkeit
* Mangel an Zuneigung
* Verliebtheit
* Starker Spieltrieb
* Der Ruf der Wildnis

Wenn Ihr Hund von einer nicht genehmigten Tour in der Nachbarschaft zurückkommt, bestrafen Sie ihn nicht, sondern lassen Sie ihm Aufmerksamkeit und Zuwendung zuteil werden, und geben Sie ihm vielleicht einige Liebeshäppchen (Seite 78).

Steak-Nieren-Fladen-Pie
»Zu Hause ist es doch am schönsten«

   75 g Mehl Type 550
½ Tl. Majoran
½ Tl. Thymian
      Salz
      frisch gemahlener schwarzer Pfeffer
300 g dünn geschnittenes Steak aus der Keule
150 g enthäutete und vom Talg befreite Rinder-, Kalbs-
      oder Lammnieren, in 2 bis 3 cm große Stücke ge-
      schnitten
      Teig für eine ungedeckte Torte von 23 cm Durch-
      messer
120 g Fladenbrocken (Seiten 118 bis 123)
1 Eßl. sehr fein gehackter Knoblauch
1 Eßl. Senf
250 ml Grundbrühe für Hunde (Seite 127)

Den Backofen auf 180 Grad vorheizen und eine hohe 23-cm-Tortenform einfetten.

Mehl, Majoran, Thymian und nach Geschmack Salz und Pfeffer in einer Rührschüssel mischen. Steakstreifen und Nieren zugeben und durch Schwenken das gewürzte Mehl auf dem Fleisch verteilen. Zuviel an Mehl abschütteln und Fleisch in die Backform geben. Fladenbrocken hinzufügen. Knoblauch und Senf mit Brühe verrühren und über Fleisch und Fladenbrocken gießen.

Teig kreisrund mit 25 cm Durchmesser ausrollen und auf die Backform auflegen. Rand umbiegen, damit der Teig dicht schließt. 25 bis 30 Minuten, bzw. bis der Teig knusprig braun ist, backen. Ein wenig abkühlen lassen und servieren. Ergibt eine hohe Torte von 23 cm Durchmesser.

Dieses Gericht läßt sich kinderleicht zubereiten, und während es kocht, schwelgt Ihr Hund in den Düften, die die Küche erfüllen. Worcestersauce gibt für Hunde mit verwöhntem Gaumen die besondere Note.

Gemischte Fleisch-Laibe

      1 großes Ei
     75 g sehr fein gehackte Zwiebeln
   4 Eßl. gehackte Petersilie
     75 g Haferflocken
    150 g Hühnerleber, gehackt
    350 g Rinder-, Schweine- oder Kalbshackfleisch
   2 Eßl. Worcestersauce
   2 Eßl. Tomatenmark
          Salz
          frisch gemahlener schwarzer Pfeffer
     75 g Semmelbrösel
    140 g Bulgur
    250 ml Wasser

Den Backofen auf 165 Grad vorheizen und eine große flache Auflaufform einfetten.
Ei in einer großen Rührschüssel leicht verquirlen, Zwiebeln, 2 Eßl. Petersilie und Haferflocken hinzugeben und gut mischen. Gehackte Leber, Hackfleisch, Worcestersauce, Tomatenmark und nach Geschmack Salz und Pfeffer hinzufügen. Gut mit den Händen verarbeiten, um die Zutaten gründlich zu durchmischen. Die Masse zu kleinen Laiben von etwa 5 cm Dicke und 10 bis 12 cm Länge formen, in die Auflaufform setzen und mit Semmelbröseln bestreuen. 30 Minuten backen.
Während die Laibe backen, Bulgur und Wasser in einen kleinen Topf geben und bei mittlerer Hitze zum Kochen

bringen. Hitze verringern, Topf zudecken und 25 Minuten köcheln lassen. Gekochten Bulgur ausbreiten, Laibe darauflegen und mit der restlichen Petersilie bestreuen. Ergibt etwa 10 Stück.

Der Puli ist ein ungarischer Hirtenhund mit einem dichten, aus festen Strähnen bestehenden Unterfell und einem langen, dunklen, zottigen Oberfell, das als Teil des Pflegerituals eingeölt und verdrillt werden muß. Die als Hütehunde sehr geschätzten Pulik (die Mehrzahlform) waren unter den Schafen, auf die übrigens seltsamerweise ein dunkler Hund stärker wirkt als ein heller, leicht auszumachen. Der hart arbeitende Puli ließ sich durch nichts davon abbringen, seine Herde zusammenzuhalten und sprang oft genug über den Rücken der Schafe, um sie in der Ordnung zu halten.

Dieses herzhafte Gericht ist ein Jungbrunnen für den nach einem langen Arbeitstag erschöpften Hirtenhund.

Ungarisches Gulasch

   75 g Mehl Type 550
         Salz
         frisch gemahlener schwarzer Pfeffer
 500 g Rindfleisch ohne Knochen, in 2 bis 3 cm große
         Würfel geschnitten
 500 g Schweinefleisch ohne Knochen, in 2 bis 3 cm große
         Würfel geschnitten
 2 Eßl. Pflanzenöl
   75 g gehackte Zwiebeln
    2 sehr fein gehackte Knoblauchzehen
 1 Eßl. Paprika
 3 Eßl. Tomatenmark
 750 ml Grundbrühe für Hunde (Seite 127) oder 250 ml
         Brühe und 500 ml Wasser
 125 ml saure Sahne
 2 Eßl. gehackte Petersilie

Mehl mit Salz und Pfeffer nach Geschmack mischen. Rind- und Schweinefleisch darin wenden.

In einer großen Pfanne bei mittlerer Hitze das Öl heiß machen. Fleisch in mehreren Durchgängen zugeben und von allen Seiten anbräunen, dabei nach Bedarf Öl hinzufügen. Angebratenes Fleisch in eine Schüssel geben. Gesamtes angebratenes Fleisch mit Saft wieder in die Pfanne geben, Zwiebeln, Knoblauch, Paprika, Tomatenmark und Brühe hinzugeben. Pfanne zudecken und Gulasch bei mäßiger Hitze etwa 1,5 Stunden kochen lassen, bis das Fleisch gar ist, dabei nach Bedarf Wasser oder Brühe nachfüllen.

Zehn Minuten vor dem Füttern saure Sahne und Petersilie einrühren. Auf Fladenbrocken geben, die mit Rinderbrühe oder Wasser angefeuchtet wurden. Ergibt etwa 1,5 l Gulasch.

Als gegen Ende des neunzehnten Jahrhunderts der Wolf in Europa für die Herden keine Bedrohung mehr war und die Eisenbahn für den Schaftransport genutzt wurde, war der Schäferhund in der Alten Welt arbeitslos geworden und hatte kaum Zukunftsaussichten. Aber die deutschen Züchter glaubten, daß dieser schöne und intelligente Hund Anlagen für den Einsatz als Polizeihund besaß und begannen ein großangelegtes Zuchtprogramm, aus dem der Schäferhund, wie wir ihn heute kennen, hervorging. Aus dem Ersten Weltkrieg zurückkehrende amerikanische Soldaten brachten den Deutschen Schäferhund in die USA, wo er sich augenblicklich als voller Erfolg erwies. Seit dieser Zeit hat sich der Deutsche Schäferhund als überragender Wachhund, Polizeihund, Rettungshund, Blindenhund und als Kriegsheld einen ausgezeichneten Namen gemacht.

Schäferhunds-Lamm-Pie

500 g Lammhackfleisch
   4 mittelgroße Speisekartoffeln, geschält oder unge-
      schält, in Scheiben geschnitten
150 g grüne Bohnen, in 2 cm große Stücke geschnitten
4 Eßl. Butter
   1 fein gehackte Zwiebel
150 g ausgepalte frische oder Tiefkühl-Erbsen
150 g frische oder tiefgekühlte Maiskörner
  $\frac{1}{2}$ rote Paprikaschote, fein gehackt
$\frac{1}{2}$ Tl. getrockneter Thymian
      Salz
      frisch gemahlener schwarzer Pfeffer
60 ml Crème fraîche
2 Eßl. gehackte Petersilie
      Paprika

Lamm in eine kalte Pfanne geben, bei mittlerer Hitze auf eine Platte stellen und das Fleisch anbräunen, es dabei mit einem Holzlöffel zerbröckeln. Fett abgießen und Lamm beiseite stellen. Kartoffeln in einen großen Dampftopfeinsatz geben und über kochendem Wasser 20 Minuten, bzw. bis sie weich sind, im Dampf garen. Wenn die Kartoffeln 10 Minuten gekocht haben, die grünen Bohnen zugeben, jedoch von den Kartoffeln getrennt halten. Wenn beide Gemüse gar sind, Einsatz unter fließendem Wasser abschrecken. Kartoffeln und grüne Bohnen in getrennten Schüsseln aufbewahren.

Den Backofen auf 180 Grad vorheizen und eine tiefe 2,5-l-Auflaufform einfetten. 1 Eßl. Butter bei mittlerer Hitze in einer kleinen Pfanne zerlassen, Zwiebeln hineingeben und anschwitzen, bis sie glasig sind. Erbsen, Mais, Paprikaschote, gekochte grüne Bohnen und Thymian hinzufügen, mit Salz und Pfeffer abschmecken. Das Ganze 10 Minuten bei kleiner Hitze unter häufigem Umrühren kochen lassen. Pfanne von der Platte nehmen, Lamm einrühren und gründlich mit dem Gemüse mischen. Das Ganze in die Auflaufform geben.

In einem kleinen Stieltopf 2 Eßl. Butter zerlassen, Crème fraîche und Petersilie hinzufügen und gut vermischen. Diese Mischung über die Kartoffeln geben und verrühren. Die Kartoffeln und ihre Sauce über die Fleisch-Gemüse-Mischung verteilen, Butterflöckchen daraufgeben und mit Paprikapulver bestreuen. 30 Minuten, bzw. bis die Oberseite goldbraun ist, backen. Ergibt ca. 2 l.

Hunde sind prima Wettervorhersager, sie werden vor einem Gewitter oft rastlos und winseln.

Das große Vergnügen am Hund liegt
darin, daß man sich bei ihm zum
Hampelmann macht und er nicht
nur jede Zurechtweisung unterläßt,
sondern selbst auch den Hampelmann spielt.

Samuel Butler

Der Turnspit war in England unter den Hunden das Ge-
genstück zum Galeerensklaven. Dieser Hund trieb die Tret-
mühlen an, die die Fleischspieße über den Grillfeuern
drehten. Wenn er nicht in seinem Käfig eingesperrt war,
war dieser unglückliche Mischling am Laufrad angebun-
den und mußte für einen einzigen Braten Stunden am
Stück arbeiten. Verständlicherweise machte ihn das böse,
und er war dafür bekannt, bei erstbester Gelegenheit von
seiner Arbeit auszubüxen.

Dieses saftige Lammschaschlik wird jeder Hund mögen,
sogar ein feindseliger Turnspit. Lamm enthält hochwertiges Eiweiß, ist jedoch kostspielig. Eine sparsamere Variante
verwendet statt Lamm Rindfleischstücke. Gleich, welches
Fleisch Sie nehmen, Ihr Hund wird mit größter Freude
Gast bei Ihren sommerlichen Grillabenden sein.

Schaschlik »Turnspit«

>   8 kleine weiße Zwiebeln, abgezogen
>   50 g Tomatenmark
> 1 Eßl. Dijon-Senf
> 1 Eßl. Worcestersauce
> ½ Tl. getrockneter Oregano
>   Salz

60 ml   trockener Weißwein
60 ml   Weißweinessig
2 Eßl.   Olivenöl
  2 kg   magere Lammkeule ohne Knochen, in ca. 4 cm
          große Würfel geschnitten
      3   Zucchini, in dicken Scheiben
          im Dampf gegarter Reis

Zwiebeln in einen Topf geben, mit Wasser bedecken und bei mittlerer Hitze zum Kochen bringen. Die Zwiebeln 15 Minuten leicht kochen lassen. Abgießen und beiseite stellen.

Für die Marinade: Tomatenmark, Senf, Worcestersauce, Oregano, Salz nach Geschmack, Wein, Essig und Olivenöl in eine Schüssel geben und gut verrühren.

Lamm, Zwiebeln und Zucchini dicht aneinander auf Schaschlikspieße aufstecken. Spieße in eine flache Pfanne legen. Marinade darübergießen und 1,5 bis 2 Stunden ziehen lassen, dabei die Spieße mehrmals wenden.

Auf einem Grill oder unter einem vorgeheizten Elektrogrill grillen, dabei oft wenden und mit der verbleibenden Marinade bestreichen. Das Schaschlik ist in 15 bis 20 Minuten gar. Spieße entfernen, auf Reis servieren. Reste sind auch kalt eine Köstlichkeit. Ergibt ca. 2 kg Schaschlik.

Dieses saftige, herzhafte Hammel-Stew gibt schwer arbei-
tenden Hirtenhunden und anderen großen, aktiven Hunden Kraft. In früheren Tagen hieß es, ein guter Hirtenhund
könne soviel arbeiten wie ein Dutzend Männer. Die Arbeit
verlangte von den Hunden Intelligenz und großes Durchhaltevermögen. Der ständig in Bewegung befindliche Hirtenhund legte am Tag mindestens eine viermal so lange
Strecke zurück wie die Schafe, die er hütete – eine erschöp-
fende Arbeit mit wenig Rast. Die Mittagspause verbrachte
er damit, die Schafe am Ausbrechen oder Davonstromern
zu hindern, und nachts wachte er gegen Wölfe und andere
Raubtiere, während der Hirte schlief.

Hammel-Gerste-Stew

      1 l Hühnerbrühe (Seite 128)
   150 g Gerste bzw. Nacktgerste
 125 ml Olivenöl
     1 kg Lamm- oder Hammelfleisch ohne Knochen, in
            1,5 cm große Würfel geschnitten
         3 Knoblauchzehen, sehr fein gehackt
  2 Eßl. Mehl Type 550
    1 Tl. getrockneter Rosmarin
    1 Tl. getrockneter Oregano
            Salz
            frisch gemahlener schwarzer Pfeffer
    1 Tl. Sojasauce
    1 Tl. Sherry
    40 g gehackte Petersilie

Hühnerbrühe in großen Suppentopf gießen, Gerste hinzugeben und zum Kochen bringen. Temperatur verringern
und 30 Minuten offen köcheln lassen.
Während die Gerste kocht, Olivenöl in einer großen Pfan-

ne bei mittlerer Hitze heiß machen. Lamm in mehreren Durchgängen dazugeben, von allen Seiten anbräunen und das angebräunte Fleisch in eine Schüssel umfüllen. Mehl, Rosmarin, Oregano und nach Geschmack Salz und Pfeffer über das Lamm streuen und unter Schwenken der Schüssel gut mischen. Knoblauch in die Pfanne geben und 2 bis 3 Minuten anschwitzen. Etwa 125 ml Kochflüssigkeit der Gerste in die Pfanne geben und den Fond einschließlich der angesetzten braunen Stückchen lösen. Diese Mischung zum Lamm geben.

Die Lammischung in den Suppentopf geben. Sojasauce und Sherry hinzufügen und alles gut verrühren. Das Ganze noch 20 Minuten köcheln lassen und, falls das Stew noch nicht sämig genug ist, noch ein wenig in Wasser aufgelöstes Mehl hinzugeben. Mit Petersilie bestreuen. Ergibt etwa 2,5 l Stew.

Wie das Kleeblatt ist auch der Kerry Blue Terrier ein Symbol Irlands. Er wurde vor etwa einhundert Jahren in der Grafschaft Kerry gezüchtet. Als Allzweckhund eignet sich der Kerry Blue für viele Aufgaben: als Stöberhund für Wasservögel, als Mäusefänger, Hüte- und Polizeihund sowie als Aufpasser für Kinder.

Dieses Stew voller gesunder Vitamine, Mineralien und Ballaststoffe wäre noch echter, wenn man dazu eine frisch gefangene Maus servierte.

Mulligan Stew »Kerry Blue«

  1 Eßl. Pflanzenöl
500 g Lammfleisch ohne Knochen, in ca. 2,5 cm große
       Würfel geschnitten
  1 l Wasser
150 g gehackte Zwiebeln
300 g gewürfelte Karotten
150 g gewürfelte Kartoffeln
  1 Pastinake, gewürfelt
150 g gehobelter Weißkohl
      Salz
      frisch gemahlener schwarzer Pfeffer
      Fladenbrocken (Seiten 118 bis 123)

Öl bei mittlerer Hitze in einem Bräter oder einem schweren Topf erhitzen, Lamm hinzugeben und von allen Seiten anbräunen. Wasser, Zwiebeln, Karotten, Kohl, Kartoffeln und Pastinake dazugeben und zum Kochen bringen. Temperatur verringern und Stew 30 Minuten offen köcheln lassen. Kohl und nach Geschmack Salz und Pfeffer zugeben, 10 bis 15 Minuten kochen lassen, bis der Kohl gar ist. Einen Schöpflöffel Fladenbrocken einrühren und servieren. Ergibt ca. 2,3 l Stew (ohne Fladenbrocken).

Einer alten Sage zufolge war der Afghane der Hund, den Noah an Bord seiner Arche nahm, um der Sintflut zu entgehen. Der elegante Afghane wurde zwar als Rasse in Afghanistan vervollkommnet, stammt aber ursprünglich aus Altägypten. Belegt ist der Cynocephalus, d. h. Affengesicht genannte Hund bereits vor über 3000 Jahren auf Papyrusrollen, und Abbildungen von ihm findet man in den Gräbern des Niltals. Als einer der großen Hetzhunde ist der Afghane behend genug für die Jagd auf Leoparden, Gazellen und Hasen. Da seine Hüftknochen weit stehen und sehr hoch liegen, kann der Afghane sich gut in felsigem und unebenem Gelände bewegen, Hürden mit Leichtigkeit überspringen und auf einem pfenniggroßen Fleck wenden.

Würziges Joghurt-Lamm »Afghane«

> 4 Eßl. Butter
> 1 gehackte Zwiebel
> 3 Knoblauchzehen, sehr fein gehackt
> 2 Tomaten, enthäutet, von Kernen befreit und gehackt
> 1 Eßl. gemahlener Koriander
> 1 Tl. gemahlener Kreuzkümmel
> ½ Tl. Kurkuma
> ¼ Tl. gemahlene Nelken
> ½ Tl. Kardamom
> Salz
> frisch gemahlener schwarzer Pfeffer
> 500 g Lammfleisch ohne Knochen, in ca. 4 cm große Würfel geschnitten
> 125 ml Joghurt
> im Dampf gegarter weißer Reis
> 2 Eßl. gehackter frischer Koriander

Butter in einer großen Pfanne bei mittlerer Hitze zerlassen; Zwiebeln und Knoblauch hinzufügen und anschwitzen, bis die Zwiebeln glasig sind. Tomaten, gemahlenen Koriander, Kümmel, Kurkuma, Kardamom, Nelken und nach Geschmack Salz und Pfeffer zugeben, weitere 2 bis 3 Minuten dünsten. Lamm hinzugeben, Hitze erhöhen und das Fleisch schnell von allen Seiten anbraten. Hitze ganz klein stellen, langsam den Joghurt einrühren und zugedeckt 1 Stunde kochen, dabei von Zeit zu Zeit einige Eßlöffel Wasser zugeben, wenn das Kochgut zu trocken wird.

Im Dampf gegarten Reis in den Napf geben, Stew mit einer Kelle darübergeben und mit gehacktem frischem Koriander bestreuen. Heiß servieren. Ergibt ca. 1 l Lamm-Eintopf.

Bis vor kurzem hatten professionelle Renn-Greyhounds keinen Grund, ihrer Pensionierung optimistisch entgegenzusehen. Da ihre Rennkarriere so kurz war, waren diese geschwinden, anmutigen Hunde bereits im Alter von ganzen fünf Jahren altes Eisen und reif für die Abdeckerei. Glücklicherweise nahm sich jedoch der Verein für Pensionierte Greyhounds (REGAP) ihrer an und hat bereits für mehrere tausend pensionierte Greyhounds ein neues Zuhause gefunden.

Dieser wundervolle Lammtopf mit dem Duft von Wein, Knoblauch und Lorbeer ist eine Belohnung für jeden Hund – ob Wettkämpfer oder Pensionär.

Rennbahnragout

   500 g Lammschulterstücke
  2 Eßl. Olivenöl
     3 mittelgroße Zwiebeln, gehackt
     2 Knoblauchzehen, sehr fein gehackt
     2 Karotten, gehackt
     4 Tomaten, in Scheiben
  oder
  150 g abgetropfte Eiertomaten aus der Dose
 250 ml passierte Tomaten
 250 ml Rotwein
     1 Lorbeerblatt
       Salz
       frisch gemahlener schwarzer Pfeffer
       im Dampf gegarter Reis

Fett von den Lammstücken entfernen und Fleisch in Bisse schneiden, Knochen im Fleisch belassen. In einer großen Pfanne Öl bei mittlerer Hitze heiß machen, Lamm hinzugeben und von allen Seiten anbräunen. Zwiebel, Knoblauch und 2 bis 3 Eßlöffel Wasser hinzufügen; das Ganze kochen lassen, bis die Zwiebeln glasig sind. Temperatur verringern, Karotten hinzugeben und weitere 15 Minuten offen kochen lassen, dabei nach Bedarf Wasser hinzugeben, damit nichts anbrennt. Den Backofen auf 180 Grad vorheizen.

Tomaten, passierte Tomaten, Wein und Lorbeerblatt zum Lamm hinzugeben, mit Salz und Pfeffer abschmecken. Ragout in eine tiefe 2-l-Kasserolle umfüllen, zudecken und 2 Stunden im Backofen garen lassen, dabei Wasser und Wein nach Bedarf zufügen.

Vor dem Füttern Knochen entfernen und Lorbeerblatt herausnehmen. Ragout über Reis servieren. Ergibt ca. 1,5 l Ragout.

Bin ein gestählter Hund, ein eifriger Hund,
   ein wilder Hund, und so allein;
Bin ein rauher Hund, ein zäher Hund,
   jage ganz allein;
Bin ein böser Hund, ein zorniger Hund,
   ärgre dumme Schafe;
Sitze gerne da und belle an den Mond,
   um fetten Seelen den Schlaf zu nehmen.

Irene Rutherford McLeod,
aus »Lone Dog«

Dieses herzhafte Gericht läßt sich leicht aus im Kühlschrank befindlichen Essensresten zusammenstellen und
läßt es auch dem entschlossensten Wachhund warm ums
Herz werden.

Schrottplatz-Potlach

   1 *Zwiebel, grob gehackt*
   2 *Karotten, in ca. 1,5 cm große Stücke geschnitten*
   3 *mittelgroße Kartoffeln, in ca. 1,5 cm große Stücke*
     geschnitten
   1 *mittelgroße Zucchini, in ca. 1,5 cm große Stücke*
     geschnitten
 250 g *Makkaroni*
 300 g *gekochtes Fleisch, in ca. 1,5 cm große Stücke ge-*
     schnitten
 1 Dose *(450 g) Kidneybohnen, abgetropft*
   1 *Knoblauchzehe, sehr fein gehackt*
 250 ml *Grundbrühe für Hunde (Seite 127)*
 170 g *Tomatenmark*
 1 Eßl. *Tamarisauce*
 ½ Tl. *getrockneter Thymian*

½ Tl. *getrockneter Oregano*
    Salz
    frisch gemahlener schwarzer Pfeffer

Zwiebel, Karotten, Kartoffeln und Zucchini in einen Dampftopf geben und das Gemüse 15 bis 20 Minuten, oder bis die Kartoffeln durch sind, über kochendem Wasser garen. Während das Gemüse im Dampf gart, die Makkaroni nach den Anweisungen auf der Packung kochen, abgießen und beiseite stellen.

Gegartes Gemüse in einen großen Topf geben. Fleisch, Kidney-Bohnen, Knoblauch und Brühe hinzugeben und gut verrühren. Das Ganze bei mittlerer Hitze zum Köcheln bringen und kochen, bis Bohnen und Fleisch heiß sind, dabei häufig umrühren. Tomatenmark, Tamarisauce, Thymian, Oregano und Makkaroni hinzugeben, mit Salz und Pfeffer abschmecken. 20 Minuten köcheln lassen, dabei noch Wasser oder Brühe zugeben, wenn das Kochgut zu trocken wird. Ergibt etwa 2,5 l Potlach.

Diese Carbonara-Variante wird mit Sardellen angerichtet, eine Delikatesse für Hunde, die bei Fisch ganz wild werden. Sie können mit den Zutaten für dieses Gericht gut improvisieren und Essensreste einbeziehen. Auf die Aufmachung kommt es an, und Ihr Hund wird nicht erraten, daß er Essen aus zweiter Hand bekommt.

Carbonara Canine

500 g dicke Scheiben Schinkenspeck, in 2 bis 3 cm große
      Stücke geschnitten
500 g Ziti (Hartweizennudeln)
2 Eßl. Olivenöl
75 g frische ausgepalte oder Tiefkühlerbsen
1 Zwiebel, in dünnen Scheiben
75 g Champignons, halbiert
5 Sardellenfilets, abgetropft
2 große Eier
75 g frisch geriebener Parmesan
      frisch gemahlener schwarzer Pfeffer

Schinkenspeck bei mittlerer Hitze in einer Pfanne knusprig braun anbraten. Auf Papiertüchern abtropfen lassen und beiseite stellen. Fett weggießen und die Pfanne mit einem Papiertuch auswischen.

Die Ziti nach Packungsanweisung in einem großen Topf kochen. Während die Nudeln kochen, Olivenöl in der Pfanne bei kleiner Hitze heiß machen. Erbsen, Zwiebeln, Pilze und Sardellen hinzugeben und bei kleiner Temperatur 10 Minuten unter häufigem Rühren kochen. Eier in einer großen Schüssel verquirlen. Die gekochten Nudeln abgießen und in die Eier geben und durch Schwenken der Schüssel alle Nudeln gut mit Ei bedecken. Schinkenspeck und Gemüse-Sardellen-Mischung hinzugeben, erneut gut mischen. Mit Parmesan und Pfeffer bestreuen und sofort servieren. Ergibt ca. 2,3 l Carbonara.

Klagelied zum Tod eines bissigen Hundes

In jener Stadt ein Hund gefunden
ward,
wie viele Hunde, gleichermaßen
Mischling,
Welpe, Rüde, Jagdhund
und von niedrem Stande.

Der Hund, sich ein wenig Raum zu
schaffen,
wurde böse, biß den Mann.

Der Mann erholte sich vom Biß –
tot ist der Hund.

Oliver Goldsmith

Cave Canem

    3 Eßl. Butter
    300 g Champignons, geschnitten
    1 Eßl. Mehl Type 550
    250 ml Milch
    1 Eßl. Worcestersauce
    1 Eßl. Dijon-Senf
            Salz
            frisch gemahlener schwarzer Pfeffer
    150 g gekochter Schinken, gewürfelt
    150 g geraspelter würziger Chester
    250 g Maisfladenbrocken (Seite 119)

2 Eßl. Butter in einer kleinen Pfanne bei mittlerer bis starker
Hitze zerlassen. Pilze zugeben und kurz dünsten, bis sie

leicht angebräunt sind. Beiseite stellen. Restliche Butter in einem großen Topf bei mäßiger Hitze zerlassen. Mehl zugeben und unter ständigem Rühren 2 Minuten kochen, bis das Mehl eben hellgelb zu werden beginnt. Milch langsam mit Rührbesen unter das Mehl rühren. Wenn die Sauce anzudicken beginnt, Worcestersauce, Senf und nach Geschmack Salz und Pfeffer hinzugeben. Wenn die Sauce zu dick erscheint, noch etwas Milch hinzufügen, um sie zu verdünnen.

Schinken und Pilze in die Sauce einrühren. Die Hälfte des Käses hinzugeben und gut verrühren. Fladenbrocken in den Napf geben und Käsemischung darübergeben. Mit dem restlichen Käse bestreuen und servieren. Ergibt ca. 1 kg Rarebite mit Fladenbrocken.

Der Beagle ist einer der ältesten Jagdhunde in der Hunde-geschichte. Sein Name stammt vom französischen »begle«, der Bezeichnung für den in Frankreich auf dem Land zur Hasenjagd benutzten Hund. Der Beagle hat den Ruf, einer der genügsamsten Esser im Hundebereich zu sein – er frißt einfach alles!

Womit also kann man diesem Freund eine größere Freude machen als mit dieser schmackhaften Schweins- und Boh-nenkasserolle, verfeinert mit dem reichen Geschmack der Melasse.

Beagles bohnige Kasserolle

300 g	getrocknete weiße Bohnen, verlesen, gewaschen und über Nacht eingeweicht
3 Eßl.	Pflanzenöl
500 g	gekochtes Schweinefleisch, in kleine Stücke ge-schnitten
150 g	gehackte Zwiebeln
1	Knoblauchzehe, sehr fein gehackt
3	Karotten, grob gehackt
250 ml	Tomatensaft
2 Eßl.	Dijon-Senf
3 Eßl.	dunkle Melasse
1 Tl.	gemahlener Piment
250 ml	Grundbrühe für Hunde (Seite 127)
	Salz
	frisch gemahlener schwarzer Pfeffer

Bohnen abtropfen lassen, waschen, in einen großen Koch-topf mit so viel frischem Wasser geben, daß sie bedeckt sind. Bei starker Hitze zum Kochen bringen, Temperatur verringern, die Bohnen etwa 2 Stunden, bzw. bis sie gar

173

sind, zugedeckt köcheln lassen. Hin und wieder nachsehen und bei Bedarf Wasser nachgießen, damit die Bohnen nicht ansetzen.

Öl bei mittlerer Hitze in einer großen Pfanne erhitzen, Schweinefleisch zugeben und von allen Seiten anbräunen. Fleisch mit einem Pfannenheber herausnehmen und beiseite stellen. Zwiebeln und Knoblauch in die Pfanne geben und anschwitzen, bis die Zwiebeln weich und glasig sind. Karotten, Tomatensaft, Senf, Piment, Melasse und nach Geschmack Salz und Pfeffer hinzugeben und gut verrühren. Gemüse bei sehr schwacher Hitze 30 Minuten, bzw. bis die Karotten sehr weich sind, offen köcheln lassen, dabei nach Bedarf Wasser hinzufügen. Brühe und Schweinefleisch in das Gemüse einrühren und das Ganze 45 Minuten offen köcheln lassen. Den Backofen auf 180 Grad vorheizen.

Fleisch und Gemüse zu den Bohnen geben, gut umrühren und das Ganze in eine 3-l-Kasserolle geben. Abdecken und 2 Stunden backen. Ergibt ca. 2,2 l.

Hinweis: Bohnen können bei manchen Hunden Blähungen hervorrufen. Wenn Ihr Hund zu Blähungen neigt, sollten Sie dieses Gericht sehr sparsam füttern.

Die Nase weiß es

* Die Hundenase ist so hoch entwickelt, daß dieses Tier damit eineiige Zwillinge unterscheiden kann.

* Hunde, die für das Aufspüren von Drogen ausgebildet sind, können Marihuana und Heroin auch dann finden, wenn mehrere andere »Geruchsschichten« es überlagern.

* Für das Aufspüren von Sprengstoff ausgebildete Hunde finden das Gesuchte zwanzigmal schneller als ein Mensch.

Der Rottweiler, Nachfahre jener Hütehunde, die für die Armeen des Römischen Reichs Vieh über die Alpen trieben, wurde als Rasse in der deutschen Stadt Rottweil gezüchtet, einer zentralen Marktstadt für den europäischen Viehhandel. Da Straßenräuber oftmals Metzger überfielen, die große Geldsummen mit sich führten, befestigte ein einfallsreicher Metzger sein Geld am Halsband eines Rottweilers. Nur wenige Räuber wagten, sich mit einem dieser folgsamen, kräftigen Hunde anzulegen, und so wurde es eine Tradition, daß Rottweiler auf Reisen das Geld der Metzger trugen.

Ratatouille mit Wurst

125 ml Olivenöl
500 g Schweinswürste, in 2 bis 3 cm lange Stücke geschnitten
1 Zwiebel, geviertelt
2 Knoblauchzehen, sehr fein gehackt
1 kleine, ungeschälte Aubergine, in 2 bis 3 cm große Würfel geschnitten
4 mittelgroße Zucchini, in Scheiben geschnitten
4 Tomaten, entkernt und grob gehackt
1 grüne Paprikaschote, in 1 bis 2 cm große Rechtecke geschnitten

Gewürzbeutel

   1 Eßl. *getrockneter Oregano,*
   $\frac{1}{2}$ *Tl. getrockneter Basilikum,*
   $\frac{1}{2}$ *Tl. Majoran*
   2 bis 3 *Pfefferkörner in einem zugebundenen Baumwoll-*
       säckchen
       Salz
       frisch gemahlener schwarzer Pfeffer

In einer großen Bratpfanne 2 Eßl. Öl bei mittlerer Hitze erhitzen, Wurst hinzufügen und, wenn sie zu bräunen beginnt, Knoblauch einrühren, weiterbraten, bis die Wurst braun ist. Restliches Öl hineingeben und erhitzen. Zwiebeln hinzugeben und 2 bis 3 Minuten anschwitzen. Aubergine, Zucchini, Tomaten, Paprika, Gewürzbeutel und nach Geschmack Salz und Pfeffer hinzugeben. Bei mittlerer Hitze weiterkochen lassen, bis das Gemüse anfängt, seinen Saft abzugeben und das Ganze zu köcheln beginnt. Temperatur verringern und Ratatouille offen köcheln lassen, bis das Gemüse das gesamte Öl aufgenommen hat. Wasser nach Bedarf zugeben, damit nichts ansetzt. Mit Brocken dunklen, frisch gebackenen Brotes servieren. Ergibt 2,3 bis 2,7 l Ratatouille.

Der Keeshond bekam seinen Namen von Cornelius de Gyselaar, einem Mitglied der liberalen holländischen Patriotischen Partei, der im achtzehnten Jahrhundert eine zum Scheitern verurteilte Revolte gegen den Prinz von Oranien, den Herrscher der Niederlande, anführte. »Kees« ist der holländische Spitzname für Cornelius, und »hond« bedeutet Hund. Der spitzähnliche Hund, der ständiger Begleiter von Cornelius war, wurde deshalb der »Keeshond«, Cornelius' Hund, genannt und wurde zum Symbol für die Sache des Aufstands. Bis dahin genoß diese Rasse ein so großes Ansehen, daß der Hund sogar im Stadtwappen von Amsterdam abgebildet war, danach jedoch hing ihm für ein Jahrhundert der Ruch des fehlgeschlagenen Aufstandes der Patrioten an, und er gewann erst später seine verdiente Beliebtheit wieder.

Wurst-Reis-Pilaw

2 Eßl. Pflanzenöl
500 g Frühstückswürstchen, enthäutet
300 g ungekochter Reis
 75 g gehackte Zwiebeln
150 g ausgepalte frische oder Tiefkühlerbsen
150 g in dicke Scheiben geschnittene Karotten
150 g frische oder tiefgekühlte Maiskörner
  1 l Grundbrühe für Hunde (Seite 127)
2 Eßl. Tomatenmark
      Salz

Öl bei mittlerer Hitze in einer großen Pfanne heiß machen. Wurst hineingeben und bräunen, dabei mit einem Holzlöffel oder einer Gabel kleinbrechen. Wurst mit einem Pfannenheber herausnehmen und beiseite stellen. Reis und Zwiebeln in die Pfanne geben und anschwitzen, bis die

Zwiebeln glasig sind und der Reis hell ist. Erbsen, Karotten, Mais, gebratene Wurst, Brühe und Tomatenmark einrühren. Leicht mit Salz würzen, Pfanne zudecken und bei mäßiger Hitze kochen, bis der Reis gar ist (ca. 30 Minuten), dabei weitere Brühe hinzugeben, wenn die Mischung zu trocken wird. Ergibt ca. 2,5 l Pilaw.

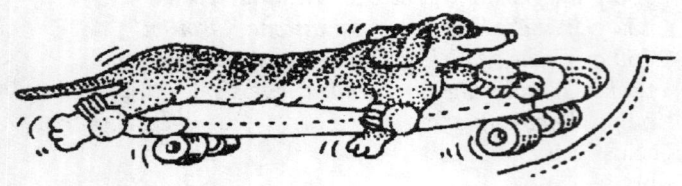

Denkt man an Hot dog, fällt einem sofort der Dackel ein. Den bis ins späte neunzehnte Jahrhundert außerhalb Deutschlands unbekannten Dackel gibt es mit den drei Fellvarianten Kurzhaar, Langhaar und Rauhhaar und in den zwei Größen normal und zwergwüchsig. Der ursprüngliche Dackel (Dachshund) jagte im Rudel auf Bär, Fuchs, Hase und besonders auf Dachs, aber damals war die Rasse größer und schwerer und damit für die Jagd besser geeignet als der heutige mehr domestizierte Dackel.

Hier ist ein einfaches Rezept mit Frankfurter Würstchen, das jeden Hund, ungeachtet des Herkunftslands, anspricht.

Hot dogs mit Schinken- und Kartoffelfüllung

2 *Scheiben Schinkenspeck*
40 g *gehackte Zwiebel*
150 g *gestampfte Kartoffeln*
  Salz
  frisch gemahlener schwarzer Pfeffer
4 *Frankfurter Würstchen, der Länge nach aufgeschlitzt*
75 g *geriebener Chester*

Den Backofen auf 180 Grad vorheizen.
Schinkenspeck in einer Pfanne knusprig braun braten, auf Papierküchentüchern abtropfen lassen und zerbröckeln. Zwiebeln in die Pfanne geben und glasig anschwitzen. Zwiebeln mit einem Pfannenheber aus der Pfanne nehmen und in eine Rührschüssel geben. Schinkenbröckchen, Kartoffeln und nach Geschmack Salz und Pfeffer zugeben. Gut verrühren.
Die Würstchen mit der Kartoffelmischung füllen. Auf ein Backblech setzen, mit Käse bestreuen und 25 Minuten bakken. Abkühlen lassen und in Bissen schneiden. Ergibt ca. 500 g.

Es gibt tatsächlich einen Löwenhund, von dem es heißt, er gehöre mit zu den seltensten Reinrassen. Der als kleiner Löwenhund bezeichnete Vierbeiner ist ein Zwerghund, dessen Fell so getrimmt wird, daß er aussieht wie ein Löwe, mit voller Mähne und einem Büschel am Schwanzende. Der Hund stammt aus Europa, und auch auf Goyas Bild der Herzogin von Alba ist ein Löwenhund dargestellt. Der selbst patschnaß manchmal nur 4,5 Pfund schwere Löwenhund hat ein gewinnendes Wesen und ist trotz seiner Winzigkeit sehr mutig.

Diese eiweiß- und ballaststoffreiche Lasagne genügt für eine ganze Horde Löwenhunde, ist aber im Kühl- oder Gefrierschrank leicht aufzubewahren und sollte im Backofen bei mäßiger Hitze aufgewärmt werden.

Leberlasagne »Löwenherz«

      500 g Lasagnenudeln
    500 ml Tomatensauce
          1 Knoblauchzehe, sehr fein gehackt
      2 Eßl. frische Oreganoblätter
      oder
      2 Tl. getrockneter Oregano
      2 Eßl. gehackter frischer
      oder
      2 Tl. getrockneter Basilikum
            Salz
            frisch gemahlener schwarzer Pfeffer
    150 g gehackte Hühner-, Rinder- oder Kalbsleber
    150 g Ricotta
    250 g Mozzarella, gerieben

Nudeln nach Packungsanweisung in einem großen Topf kochen, abgießen, unter nicht ganz kaltem, fließendem

Wasser abspülen, erneut abtropfen lassen. Nudeln zuge-deckt beiseite stellen.

Tomatensauce, Knoblauch, Oregano und Basilikum sowie nach Geschmack Salz und Pfeffer in einen Topf geben. Sauce bei mittlerer Hitze zum Köcheln bringen, Tempera-tur verringern und zugedeckt 30 Minuten köcheln lassen. Den Backofen auf 180 Grad vorheizen.

Eine dicke Schicht Tomatensauce auf den Boden einer 33 x 23 cm großen Backform oder Lasagneform geben. Lasagne wie folgt schichten: untere Schicht mit 2 Lagen Nudeln, dann Leber, Ricotta, Mozzarella, ein wenig von den verblei-benden frischen Kräutern und Tomatensauce. Bei den fol-genden Schichten jeweils nur eine Lage Nudeln. Als ober-ste Schicht Sauce.

Die Form dicht mit Alufolie abdecken und die Lasagne 30 Minuten im Backofen backen. Folie abnehmen und weitere 10 Minuten backen. Form aus dem Backofen nehmen und die Lasagne vor dem Servieren ein wenig abkühlen lassen. Ergibt ca. 2 kg Lasagne.

Über viele Jahre war Leber ein Grundnahrungsmittel in der Kost, die erfahrene Züchter fütterten. Heutzutage sind Fachleute auf dem Gebiet der Hundeernährung besorgt, die tägliche Gabe von Leber könne wegen der Giftstoffe, die sich in diesem Organ sammeln, schädlich sein. Mäßig gefüttert, bleibt Leber jedoch eine wichtige Nährstoffquelle.

Leberschnitten

Füllung
    150 g gekochte gewürfelte Hühner- oder Rinderleber
      1 kleine Zwiebel, halbiert
  125 ml Crème fraîche
   2 Eßl. gehackte Petersilie
    75 g Semmelbrösel
        Salz
        frisch gemahlener schwarzer Pfeffer

Teig
  150 g Mehl Type 550
    1 Tl. Backpulver
 1 Prise Salz
  2 Eßl. kalte Butter
 125 ml kalte Milch

Für die Füllung zuerst die Leber in der Küchenmaschine fein zerkleinern. Zwiebel, Crème fraîche, Petersilie, Brösel und nach Geschmack Salz und Pfeffer hinzugeben. In der Küchenmaschine weiterverarbeiten, bis die Masse streichfähig ist. Den Backofen auf 230 Grad vorheizen und ein Backblech einfetten. Für den Teig Mehl, Backpulver und Salz in eine Rührschüssel einsieben. Butter in Flocken zugeben. Milch einrühren, um einen weichen Teig zu erhalten. Auf leicht bemehlter Arbeitsfläche in ein Quadrat von

30 cm ausrollen. Die Leberpaste auf den Teig verteilen und zu einer Rolle aufrollen. Die Leberrolle schräg in ca. 3 cm breite Scheiben schneiden und in einem Abstand von 3 cm auf das Backblech setzen. 10 bis 15 Minuten backen. Ergibt 10 bis 12 Leberschnitten.

Der von den altägyptischen Königshunden abstammende Sloughi ist in den Vereinigten Staaten und in Europa relativ selten. In Nordafrika jedoch zieht er mit Nomadenstämmen, die ihn wegen seiner Jagdfertigkeit und seiner Wachhundfähigkeit schätzen, durch die Wüste.

Wenn Sie einen Sloughi besitzen, weckt bei ihm das Couscous Erinnerungen an die Heimat der Vorfahren. Geschmack und Aroma dieses Gerichts machen aber auch allen anderen Hunden Freude.

Couscous mit Hühnerleber

375 ml Hühnerbrühe (Seite 128)
  150 g Couscous
  4 Eßl. Butter
  230 g Hühnerleber, klein geschnitten
         Salz
         frisch gemahlener schwarzer Pfeffer

In einem kleinen Topf 250 ml Hühnerbrühe zum Kochen bringen. Topf vom Feuer nehmen, Couscous und 2 Eßl. Butter einrühren. Topf zudecken und 10 Minuten stehenlassen.
In einer kleinen Pfanne 2 Eßl. Butter bei mittlerer Hitze zerlassen. Leber hineingeben und anbraten, bis sie von allen Seiten schön angebräunt ist.
Couscous mit einer Gabel lockern und in den Napf füllen. Die Hühnerleber auf das Couscous verteilen. Die restlichen 125 ml Hühnerbrühe in die Pfanne geben und bei starker Hitze den Fond lösen, dabei alle angebräunten Teile abkratzen. Salz und Pfeffer nach Geschmack zugeben. Die Sauce über Leber und Couscous gießen. Ergibt ca. 700 g Couscous.

Dalmatiner sind die einzige Hunderasse der Welt, die von sich aus Kutschen und Wagen folgt, indem sie unter der Achse mittrabt. Man nimmt zwar an, daß diese Rasse aus Dalmatien stammt, ihre weite Verbreitung führt man jedoch darauf zurück, daß dieser Hund die nomadischen Roma auf ihren Reisen begleitete. Den Dalmatiner schätzte man wegen seines flotten Aussehens und als Wagenbegleithund wegen seiner natürlichen Verbundenheit mit Pferden. Mit dem Rückgang der Nutzung als Wagenbegleithund im achtzehnten Jahrhundert fand der Dalmatiner ein neues Betätigungsfeld auf der Feuerwache, das exakt zu seiner natürlichen Veranlagung paßte – Wasserliebe, unglaubliches Durchhaltevermögen und Behendigkeit.

Dieses Nierengericht erfordert eine Kochzeit von nur fünf Minuten, ein großer Vorteil für Hunde, die in aller Eile aus der Feuerwache hasten müssen.

Feuerwehr-Topf

       6 Lammnieren
    75 g Mehl
          Salz
          frisch gemahlener schwarzer Pfeffer
  2 Eßl. Olivenöl
       1 Knoblauchzehe, gehackt
          Fladenbrocken (Seiten 118 bis 123) oder im Dampf
          gegarter Reis
  1 Eßl. gehackte Petersilie
          ein Zitronenschnitz

Die Häute der Nieren entfernen, Nieren der Länge nach halbieren und den weißen Innenteil entfernen. Nieren in ca. 1,5 cm große Stücke schneiden.

Mehl mit etwas Salz und Pfeffer mischen. Nieren in dem gewürzten Mehl wenden. Öl in einer Bratpfanne bei mittlerer Hitze heiß machen. Nieren und Knoblauch hineingeben und 4 bis 5 Minuten unter ständigem Rühren anbraten.

Fladenbrocken oder Reis in den Hundenapf geben. Nieren mit einem Löffel daraufgeben, mit Petersilie bestreuen und mit dem Saft der Zitrone beträufeln. Ergibt ca. 300 g Nieren.

Der Pharaonenhund ist ein speziell für die Jagd gezüchteter Hetzhund. Er stammt vermutlich aus Altägypten, denn auf Abbildungen und Schnitzereien jener Zeit ist ein Hund dargestellt, der dem heutigen Pharaonenhund sehr ähnlich sieht. Diese Rasse fand ihren Weg nach Spanien und wurde auf den Balearen heimisch.

Das folgende Rezept enthält saftiges Huhn, das mit exotischen mediterranen Gewürzen und Wein geschmort wird – passend zu einem Pharao oder zu dessen Hund.

Hühnchen »Cheops«

1 Tl. Kreuzkümmelpulver
1 Tl. gemahlener Koriander
       Salz
       frisch gemahlener schwarzer Pfeffer
   1 Suppenhuhn (1,3 bis 1,8 kg), in 8 Teile zerlegt
3 Eßl. Olivenöl
   1 Knoblauchzehe, sehr fein gehackt
   1 Zwiebel, gehackt
250 ml Wasser
250 ml trockener Weißwein
1 Prise Safran
       im Dampf gegarter Reis oder Couscous

Kümmel, Koriander und nach Geschmack Salz und Pfeffer mischen. Die Hühnerteile damit einreiben.
Öl in einer großen Bratpfanne bei mittlerer Hitze heiß machen. Huhn hineingeben und anbraten, bis alle Teile goldbraun sind. Knoblauch und Zwiebeln hinzufügen, Huhn weiterbraten, bis alle Teile gut braun sind. Wein, Wasser und Safran hinzufügen und zum Kochen bringen.

Hitze verringern und Huhn zugedeckt kochen, bis es gar ist (45 bis 60 Minuten).

Huhn auslösen. Reis- oder Couscousbett anrichten und Huhn daraufgeben. Mit Bratensauce übergießen und servieren. Ergibt ca. 1,3 bis 1,8 l Huhn mit Sauce.

Der schneeweiße große Pyrenäenhund bzw. Patou (Schäferhund) wurde als Beschützer der Herden gegen Wölfe und Bären geschätzt. Diese Rasse entwickelte sich isoliert im harten Klima der Bergkette der Pyrenäen. Der kraftvolle und wachsame Pyrenäenhund war Lieblingshund der Bauern und Favorit der Adeligen am Hof Ludwigs XIV. Auch als Schmuggler wurde dieser Hund, den man dazu ausbildete, Konterbande über die französisch-spanische Grenze zu tragen, berühmt. Dabei wich er den Zöllnern aus, indem er gefährliche Gebirgspfade benutzte.

Diese Paella ist einfacher als eine, die Sie für·sich selbst zubereiten würden, nichtsdestotrotz erfordert sie eine reichhaltige Palette an Zutaten. Wegen des überragenden Geruchssinns des Hundes sind nur ganz wenige der kostbaren Safranfäden notwendig, um das volle Aroma zu erzielen.

Paella »Pyrenäenhund«

   2 Eßl. Olivenöl
   1 Suppenhuhn (1,3 bis 1,8 kg), in 8 Teile zerlegt und
       ausgelöst*
   1 Knoblauchzehe, sehr fein gehackt
   4 Tomaten, in 6 bis 8 Schnitze geschnitten
   1 rote Paprikaschote, in dünnen Streifen
 1,5 l Hühnerbrühe (Seite 128)
       Salz
       frisch gemahlener schwarzer Pfeffer

---

* Wenn Sie das Fleisch lieber nach dem Kochen von den Knochen lösen
  möchten, nehmen Sie die Stücke aus der gekochten Paella heraus und
  lösen Sie das Fleisch zügig mit Messer und Gabel ab. Werfen Sie die
  Knochen weg, und geben Sie das Fleisch wieder in die Paella.

300 g ungekochter Reis
1 Prise Safranfäden
150 g ausgepalte frische oder Tiefkühlerbsen
150 g frische Shrimps, gepult
150 g gewürfelter gekochter Schinken

In einem großen Topf oder Bräter Öl bei mittlerer Hitze heiß machen. Huhn hineingeben und von allen Seiten gut anbräunen. Knoblauch, Tomaten, Paprika, Brühe und nach Geschmack Salz und Pfeffer dazugeben, zum Kochen bringen. Temperatur verringern und das Ganze 20 Minuten offen köcheln lassen.

Reis langsam hinzufügen, anschließend Safran unterrühren und die Paella zugedeckt 15 Minuten köcheln lassen. Shrimps und Schinken unter den Reis heben und weitere 5 bis 10 Minuten kochen lassen, bis der Reis gar und alle Flüssigkeit aufgenommen ist. Heiß servieren. Ergibt ca. 3 l Paella.

Auf alten ägyptischen Schriftrollen abgebildete Basenji sehen genauso aus wie die heutigen Vertreter dieser Rasse. Der Basenji wanderte im Laufe der Zeit tiefer in den Süden Afrikas und wurde bei den Eingeborenen in Belgisch Kongo als nicht verbellender Stöberhund genutzt, dort entdeckten ihn britische Forscher Ende des neunzehnten Jahrhunderts. Der Basenji, der nicht bellen kann und eine ausdrucksstark gerunzelte Stirnfalte sowie eine Ringelrute besitzt, wurde sofort ein Exportschlager.

Der von Natur aus peinlichst reinliche Hund hat ein der Katze ähnliches Putzverhalten, er leckt mit der Zunge sein gesamtes Fell ab, um es zu reinigen. Das auch als nettes Jodeln bezeichnete gurgelnde Lautgeben des Basenji ist sein deutlichstes Markenzeichen.

Dieser unkomplizierte Hühnereintopf mit Wurst kann in hundegerechten Portionen eingefroren werden.

Eintopf »Stiller Stöberer«

1	Suppenhuhn (1,3 bis 1,8 kg), in 8 Stücke zerlegt
500 ml	Wasser
1	Lorbeerblatt
½ Tl.	getrockneter Oregano
½ Tl.	getrockneter Thymian
	Salz
	frisch gemahlener schwarzer Pfeffer
250 g	Wurstenden, gekocht und in etwas mehr als 1 cm dicke Stücke geschnitten
3	Kartoffeln, gewürfelt
2	Karotten, in dicke Streifen geschnitten
6	kleine weiße Zwiebeln, abgezogen
150 g	Rosenkohl, verlesen und gesäubert
1 l	Hühnerbrühe (Seite 128)
	Fladenbrocken (Seiten 118 bis 123)

Hühnerteile in einen großen Topf geben, Wasser hinzufügen und bei starker Hitze zum Kochen bringen. Temperatur verringern, Lorbeerblatt, Oregano, Thymian und nach Geschmack Salz und Pfeffer hinzugeben, dann das Huhn 25 Minuten zugedeckt kochen lassen. Wurst, Kartoffeln, Karotten, Zwiebeln und Rosenkohl dazugeben und weitere 20 Minuten zugedeckt lebhaft köcheln lassen. Wenn die Mischung auszutrocknen beginnt, noch etwas Brühe hinzugießen. Hühnerteile herausnehmen und entbeinen. Huhn und restliche Eintopfzutaten über Fladenbrocken geben, der auf einem Teller angerichtet ist. So viel Brühe darübergießen, daß das Gericht gut in der Sauce steht. Sofort servieren. Ergibt ca. 2,5 bis 3 l Hühnereintopf.

Diese milde Hähnchentorte beruhigt auch den unbändig-
sten Hund. Wenn Ihr Hund nicht die gesamte Torte auf
einmal verzehrt, schneiden Sie sie in Stücke, die für ein
anderes Mal eingefroren werden.

Delikate Hähnchen-Gemüse-Torte

2 Eßl. *Butter*
1 *Zwiebel, grob gehackt*
1 *Karotte, in ca. 1,5 cm große Stücke geschnitten*
1 *rote Paprikaschote, Scheidewände und Samen ent-*
fernt und in ca. 1,5 cm große Stücke geschnitten
3 *mittelgroße nicht geschälte rote Kartoffeln, in ca.*
1 cm große Stücke geschnitten
Körner von 1 Maiskolben
250 ml *Hühnerbrühe (Seite 128)*
½ Tl. *getrockneter Thymian*
½ Tl. *getrockneter Majoran*
Salz
frisch gemahlener schwarzer Pfeffer
300 g *klein geschnittenes Hähnchen, ohne Knochen*
(2 bis 3 cm große Stücke)
2 Eßl. *Weißwein*
2 Eßl. *Speisestärke*
Teig für eine bedeckte Torte von 23 cm Durchmes-
ser

Butter bei mittlerer Hitze in einem großen Topf zerlassen.
Zwiebel, Karotte, Paprika, Kartoffeln und Mais hinzufügen
und anbraten, bis die Zwiebeln eben Farbe annehmen.
60 ml Hühnerbrühe, Thymian, Majoran und nach Geschmack Salz und Pfeffer hinzufügen, dann das Gemüse
unter häufigem Umrühren 20 Minuten köcheln lassen.
Hähnchen in das Gemüse geben und gut mischen.

Den Backofen auf 165 Grad vorheizen.

Die Hälfte des Teigs ausrollen und damit eine 23-cm-Tortenform auskleiden. Hähnchen-Gemüsemasse hineingeben. Wein mit Speisestärke verrühren. Über die Hähnchen-Gemüsemasse gießen. Restlichen Teig rund mit einem Durchmesser von 25 cm ausrollen, als Deckel auf die Torte legen und Rand umbiegen und festdrücken. Diesen Tortendeckel in der Mitte einschneiden.

Die Form auf ein Backblech stellen, um überlaufenden Saft aufzufangen. 45 Minuten backen. Vor dem Servieren abkühlen lassen. Ergibt eine Torte von 23 cm Durchmesser.

Der St. Bernhard hat seinen Namen vom Hospiz am Alpen-
paß Großer Sankt Bernhard, wo Mönche über dreihundert
Jahre lang Bernhardiner im Aufspüren verirrter Reisender
und in der gefährlichen Arbeit der Lawinensuchhunde aus-
bildeten. Man schätzt, daß die Bernhardiner über die Jahre
mehr als 2500 Menschenleben gerettet haben. Die Aufgaben
des Bernhardiners sind in unseren Tagen dem Fortschritt
zum Opfer gefallen, als der trügerische Verkehrsweg und
Paß durch einen Tunnel ersetzt wurde. Heute fahren Züge
dort, wo sich die Menschen einst zu Fuß hinwagen mußten.
Der Bernhardiner ist ein massiger Hund, der oft zwischen
110 und 150 Pfund auf die Waage bringt. Um kräftig zu bleiben, braucht dieser stramme Hund enorme Nahrungsmen-
gen – beispielsweise dieses delikate geschmorte Huhn mit
Schinkenspeck und Kartoffeln.

Junges Huhn »St. Bernhard«

      1 Suppenhuhn (1,3 bis 1,8 kg), in 8 Teile zerlegt
   1,5 l Hühnerbrühe (Seite 128)
 2 Eßl. Butter
      4 Pellkartoffeln, ungeschält, in dicken Scheiben
  250 g Schinkenspeck
      4 Scheiben Brot, halbiert
 4 Eßl. gehackte Petersilie
         Salz und Pfeffer zum Abschmecken

Huhn in einen großen Topf geben, Brühe hinzugießen und
zum Kochen bringen. Temperatur verringern und Huhn
zugedeckt 45 Minuten, bzw. bis es gar ist, köcheln lassen.
Huhn auf einen Teller geben und abkühlen lassen. Brühe
beiseite stellen, um sie für ein anderes Gericht zu verwenden.
Butter bei mittlerer Hitze in einer Bratpfanne zerlassen,

Kartoffeln hineingeben und goldbraun anbraten. In einer anderen Pfanne den Schinkenspeck bei mittlerer Hitze knusprigbraun braten. Den Schinkenspeck auf Papierküchentüchern abtropfen lassen und in Stückchen zerbrechen. In das Schinkenspeckfett das Brot geben und bei mittlerer Hitze von beiden Seiten anbräunen. Huhn entbeinen, Fleisch in bissengroße Stücke schneiden und in den Hundenapf geben. Um das Fleisch herum Kartoffeln, Brot und Schinkenspeck anordnen. Mit Petersilie bestreuen und füttern. Ergibt ca. 3 kg Hühnereintopf.

Chow-chow bedeutete ursprünglich »Mixed Pickles« und war in der Kaufmannssprache ein griffiges Schlagwort für eine aus unterschiedlichsten Waren zusammengewürfelte Fracht. Später wurde dieser Begriff auch auf den überlegen und löwenähnlich wirkenden Hund ausgedehnt, der im achtzehnten Jahrhundert seinen Weg von China nach England fand. Als eine der ältesten Hunderassen, bereits vor über zweitausend Jahren nachgewiesen, wurde der Chow-Chow für den Sport, als Zugtier und als Wachhund eingesetzt und war einer der Hunde, die auf besonderen Bauernhöfen gehalten wurden, um den Menschenmassen in Canton und Peking als Nahrung zu dienen. Wie beim Pekinesen war auch sein Fell wertvoll, und aus diesem Grund gehörten Chow-Chows zur Mitgift so mancher Braut. Die einzigartige steifbeinige Gehweise, die schwarze Zunge und das dichte Fell verleihen dieser Rasse eine besondere Exotik.

Kurzgebratenes »Chow-Chow«

1 Tl.	braune Bohnensauce
2 Tl.	Tamarisauce
125 ml	Hühnerbrühe (Seite 128)
1 Tl.	Speisestärke
2 Eßl.	Pflanzenöl
150 g	kleingeschnittenes Hähnchenfleisch, ohne Knochen (1 bis 2 cm große Stücke)
3	Karotten, in dünnen, schräg geschnittenen Scheiben
2	Stangen Staudensellerie, in dünnen, schräg geschnittenen Scheiben
2	Frühlingszwiebeln, in Scheiben geschnitten
150 g	Tofu, in 2 bis 3 cm große Würfel geschnitten im Dampf gegarter Reis

Braune Bohnensauce, Tamarisauce, Hühnerbrühe und Speisestärke verrühren und beiseite stellen. 1 Eßl. Öl in einem Wok oder einer großen Pfanne bei mittlerer Hitze heiß machen. Hähnchen hineingeben und kurz anbraten, bis es nicht mehr rosa ist. Mit einem Pfannenheber aus dem Wok herausnehmen und beiseite stellen. Verbleibenden Eßlöffel Öl in den Wok geben und erhitzen. Wenn das Öl heiß ist, Karotten und Sellerie hineingeben und anbraten, bis sie al dente sind, d. h. etwa 5 Minuten. Tamarisauce-Mischung und Hähnchen hineingeben und weitere 2 Minuten anbraten. Schalotten und Tofu hinzufügen und anbraten, bis der Tofu heiß und von allen Seiten mit Sauce benetzt ist. Auf Reis servieren. Ergibt ca. 1000 g Hähnchen mit Gemüse.

Der Catahoula Leopard Dog stammt von den ersten französischen Kolonisten, die sich in der Pfarrei Catahoula in Louisiana ansiedelten. Dieser Hund wird als Hütehund und zur Waschbärjagd eingesetzt und ist ein erstklassiger Wachhund. Der unregelmäßig gefleckte (daher der Name), gestreckte, drahtige, kurzhaarige Hund kann ab und an türkisfarbene, glänzende Augen besitzen.

Das Catahoula Gumbo bringt Ihren Hund zum Träumen: von einem Streifzug durch die dampfenden Sümpfe (wenn er das mag) oder vielleicht von einem entspannenden Nachmittag, ausgestreckt unter den süß duftenden Blüten des Magnolienbaums. Gehen Sie mit dem Cayenne-Pfeffer sehr sparsam um, damit Sie die empfindliche Hundenase nicht überstrapazieren.

Catahoula Gumbo

2 Eßl.	Olivenöl
1	Suppenhuhn (1,3 bis 1,8 kg), in 8 Stücke zerlegt
1	Zwiebel, grob gehackt
1	Knoblauchzehe, sehr fein gehackt
150 g	Räucherschinken, gewürfelt
150 g	gewürfelte Okra, frisch, tiefgekühlt oder aus der Dose
60 ml	Tomatenmark
1,3 l	Wasser
1	Lorbeerblatt
1 Prise	Cayenne-Pfeffer
1 Eßl.	Worcestersauce
	Salz
	frisch gemahlener schwarzer Pfeffer
500 g	frische, gepulte Shrimps
	im Dampf gegarter weißer Reis

Öl in einem großen Topf bei mittlerer Hitze heiß machen. Hähnchen hineingeben und von allen Seiten gut anbräunen. Zwiebeln und Knoblauch hinzufügen und bei mittlerer Hitze unter häufigem Rühren anschwitzen. Schinken, Okra, Tomatenmark, Wasser, Lorbeer, Cayenne-Pfeffer, Worcestersauce und nach Geschmack Salz und Pfeffer dazugeben. Gumbo zum Kochen bringen, Temperatur verringern und zugedeckt 1 Stunde köcheln lassen. Shrimps zugeben und weitere 15 Minuten kochen. Hähnchenteile herausnehmen und entbeinen, Fleisch zurück zum Gumbo geben. Lorbeerblatt herausnehmen. Reis in den Napf geben und Gumbo darüber verteilen. Heiß servieren. Ergibt ca. 2,5 bis 3 l Gumbo.

Foxterrier kommen mit mindestens
viermal soviel Erbsünden auf die Welt
als andere Hunde.

Jerome K. Jerome,
Drei Mann in einem Boot

Terriers tolle Truthahnburger

250 g Truthahnfleisch ohne Knochen, ohne Haut, in
    Stückchen geschnitten
250 ml halb Milch und halb Crème fraîche
40 g fein gehackte Zwiebel
75 g Semmelbrösel
    Salz
    frischgemahlener schwarzer Pfeffer
3 Eßl. Olivenöl
1 Eßl. Butter
125 ml Hühnerbrühe (Seite 128)
1 Eßl. gehackte Petersilie
    Brot, in Scheiben

Truthahn in die Küchenmaschine geben, 2 bis 3 Eßl. Milch-
Rahm-Mischung hinzufügen und Truthahn grob hacken;
bei Bedarf noch Milch-Rahm-Mischung hinzufügen, die
Mischung aber steif lassen. Truthahn in eine Rührschüssel
füllen. Zwiebeln, Semmelbrösel, restliche Milch-Rahm-Mischung und nach Geschmack Salz und Pfeffer hinzufügen.
Das Ganze gut miteinander vermischen. Vier flache Burger
mit einem Durchmesser von ca. 8 cm daraus formen.
2 Eßl. Olivenöl bei mittlerer Hitze in einer Bratpfanne heiß
machen. Die Burger hineingeben und auf jeder Seite etwa
5 Minuten, bzw. bis sie durch sind, braten.
Zwischenzeitlich in einem kleinen Topf bei mittlerer Hitze
restliches Olivenöl, Butter, Brühe und Petersilie erhitzen,

bis die Butter schmilzt. Eine Scheibe Brot in den Napf geben, einen Truthahnburger darauflegen (falls nötig, in Bissen schneiden) und das Ganze mit Sauce übergießen. Ergibt 4 Truthahnburger.

Der King Charles Spaniel wanderte von China über Japan und Spanien nach England ein. Dort wurde dieser Zwergspaniel sofort ein Lieblingshund der königlichen Familie. Der Legende nach folgte der treu ergebene Hund Maria Stuart bis aufs Schafott, als sie im Jahre 1567 zur Hinrichtung geführt wurde. Ihren Namen bekam die Rasse schließlich nach dem berühmten liederlichen König Charles II.

Nichts verleiht einem Hund ein so zivilisiertes und königliches Gefühl wie ein frisch gebackenes Soufflé, heiß aus dem Ofen. Das Soufflé macht Ihren Hund mit einem neuen Geschmack und einer neuen Konsistenz der Kost bekannt, viel leichter als die normale bißfeste Nahrung. Dieses sehr eiweißhaltige Gericht kann zu besonderen Anlässen serviert werden.

Soufflé à la King Charles Spaniel

    1 Eßl. Butter
    2 Eßl. Mehl Type 550
  $\frac{1}{2}$ Tl. Salz
  250 ml Milch
        3 große Eier, Eigelb und Eiweiß getrennt
      75 g Semmelbrösel
      1 Tl. Zitronensaft
  $\frac{1}{4}$ Tl. frisch gemahlener schwarzer oder weißer Pfeffer
  $\frac{1}{2}$ Tl. Paprikapulver
      1 Tl. gehackte Petersilie
  300 g gehackter gekochter Truthahn

Den Backofen auf 180 Grad vorheizen und eine Soufflé-Form (1,5 l) einfetten.
Butter bei schwacher Hitze in einem Topf zerlassen, Mehl

einrühren und kochen, bis sich eine dicke Masse bildet. Milch unter ständigem Rühren mit einem Schneebesen hinzugießen und kochen, bis die Sauce sehr dickflüssig ist. Topf vom Feuer nehmen. Solange die Sauce noch sehr heiß ist, nacheinander die Eigelbe hinzugeben, dabei nach Zugabe jedes Eigelbs Sauce kräftig mit dem Schneebesen schlagen. Semmelbrösel, Zitronensaft, Pfeffer, Paprika, Petersilie und Truthahn hinzugeben und gut mischen.

Die Eiweiße in einer Rührschüssel steif schlagen. Ein Drittel des Eischnees in die Truthahnmischung einrühren. Restlichen Eischnee unterheben und das Ganze in die Soufflé-Form umfüllen. 20 bis 25 Minuten, bzw. bis das Soufflé fest ist, backen. Sofort servieren. Ergibt ein Soufflé.

Der Coonhound (Waschbärhund) ist ein langsamer, be-
dachter Spürhund, der beim Spüren dicht mit der Schnauze am Boden bleibt. Sobald er den verfolgten Waschbären
auf einem Baum gestellt hat, »verbellt« er. Sein dem Heulen
ähnliches Bellen ist unverkennbar. Coonhounds zeigen
auch beim Aufspüren von Rotwild, Bären und Berglöwen
hervorragende Leistungen.

Der Echtheit wegen wäre es am besten, bei der Zuberei-
tung dieses Gerichts einen frisch gefangenen Waschbär zur
Hand zu haben. Aber da die Echtheit nicht alles ist im
Leben, bildet ein Kaninchen einen brauchbaren Ersatz.

Coonhound-Pie

1	kleines Kaninchen (etwa 2,3 Pfd.), in 8 Stücke zerlegt
150 g	Mehl Type 550
	Salz
	frisch gemahlener schwarzer Pfeffer
4 Eßl.	Butter
1	Zwiebel, grob gehackt
4	mittelgroße Kartoffeln, geschält und grobgeschnitten
500 g	in Scheiben geschnittene frische Okra oder eine Packung (300 g) aufgetaute geschnittene Tiefkühl-Okra
150 g	ausgepalte frische Erbsen oder Tiefkühlerbsen
	Teig für eine gedeckte Torte mit 23 cm Durchmesser
2 Eßl.	Tomatenmark
200 ml	Hühnerbrühe (Seite 128)
1 Eßl.	Tamarisauce

Kaninchen waschen und mit einem dünnen, scharfen Messer entbeinen. Fleisch in Bissen schneiden. Mehl mit Salz und Pfeffer nach Geschmack mischen, Kaninchenfleisch darin wenden. Butter bei mittlerer Hitze in einer großen Bratpfanne zerlassen, Kaninchenfleisch hinzufügen und von allen Seiten anbraten. Fleisch auf einen Teller geben und zur Seite stellen.

Zu dem Fett in der Pfanne die Zwiebel, die Kartoffeln und das Okra hinzugeben; rühren, um den Bratensatz zu lösen. Gemüse bei mittlerer Hitze garen, bei Bedarf Wasser hinzugeben, um ein Ansetzen zu verhindern, das Ganze häufig umrühren. Das angebratene Kaninchenfleisch und die Erbsen hinzugeben, mit Salz und Pfeffer abschmecken.

Den Backofen auf 180 Grad vorheizen.

Etwas weniger als die Hälfte des Teigs ausrollen und in eine Tortenform geben. Die Kaninchen-Gemüse-Mischung einfüllen.

In einer kleinen Schüssel Tomatenmark, Hühnerbrühe und Tamarisauce mischen und über Fleisch und Gemüse gießen.

Restlichen Teig zu einem runden Deckel von 25 cm Durchmesser ausrollen, Torte abdecken und Rand dekorativ umbiegen. Einen Schlitz in den Deckel schneiden. Die Torte auf ein Backblech stellen, um austretenden Saft aufzufangen. 45 Minuten backen. Ergibt eine gedeckte Torte von 23 cm Durchmesser.

Der K(n)ochbuch-Sicherheitstip:
Versuchen Sie niemals, sich zwischen kämpfende Hunde zu stellen. Spritzen Sie sie mit einem Wasserschlauch naß, oder benutzen Sie einen Besenstiel, um die Ordnung wiederherzustellen. Wenn Sie es, ohne gebissen zu werden, bewerkstelligen können, ziehen Sie den schwächeren Hund am Schwanz weg.

Der Whippet (Kleiner englischer Windhund) ist relativ neu in der Familie der Hetzhunde und kam erst vor 100 Jahren in England auf. »Whip-it« war ein Gassenausdruck für »rennen«. Der bis zu 50 km/h schnelle Whippet verbindet die Schnelligkeit des Greyhounds mit den Spürinstinkten des Terriers – diese Eigenschaften machen diese Rasse zu herausragenden Hasenjägern.

Kann es eine bessere Belohnung für Ihren Hund geben als diesen einfachen Kaninchenbraten mit verlockender Salbei-Füllung?

Gefüllter Kaninchenbraten

> 1 *ganzes ausgenommenes Kaninchen*
> 1 *Orange, halbiert*
> *Salz,*
> *frischgemahlener schwarzer Pfeffer*
> 300 g *trockene Brotwürfel*
> 2 Eßl. *gehackte Zwiebeln*
> 2 Eßl. *gehackte Petersilie*
> 1 Tl. *getrockneter Salbei*
> 4 Eßl. *Butter, zerlassen*

Kaninchen gründlich waschen und trockentupfen. Innen und außen ausgiebig mit der Schnittfläche der Orangenhälften einreiben und innen nach Geschmack mit Salz und Pfeffer bestreuen.

Den Backofen auf 180 Grad vorheizen.

Brotwürfel, Zwiebel, Petersilie, Salbei, nach Geschmack Salz und Pfeffer und 2 Eßlöffel Butter in einer Rührschüssel sorgfältig mischen. Kaninchen mit der Füllung stopfen und die Öffnung vernähen. Kaninchen in eine Bratenform geben, mit der restlichen zerlassenen Butter bestreichen und in der offenen Form 1,5 Stunden, bzw. bis es gar ist, braten. Kaninchenfleisch vom Knochen lösen und mit Füllung füttern. Ergibt 4 mittlere Portionen.

Jetsetter

Die meisten Fluggesellschaften lassen Hunde in der Passagierkabine mitfliegen, wenn der Korb unter den Sitz paßt (Maximalhöhe 8 Zoll). Der Haken ist, daß kein weiteres Handgepäck erlaubt ist und diese Regelung nicht für Kurzstreckenflüge (Pendeldienst) gilt. Blindenhunde im Geschirr sind selbstverständlich in der Passagierkabine erlaubt.

Dieses einfache Rezept erinnert an das italienische Gericht Polenta.

Pudelpolenta

$\frac{1}{2}$ Tl. Salz
150 g Maisgrieß
250 ml Milch
$\frac{1}{4}$ Tl. frisch gemahlener schwarzer Pfeffer
225 g frisch geriebener Parmesan

Wasser im Unterteil eines doppelstöckigen Kochtopfs zum Kochen bringen. 500 ml Wasser mit dem Salz im abgenommenen Oberteil direkt auf der Platte zum Kochen bringen. Polenta langsam unter ständigem Rühren mit einem Holzlöffel hinzugeben. Das Oberteil von der Platte nehmen und auf das Unterteil mit kochendem Wasser aufsetzen. Milch und Pfeffer hinzufügen und zugedeckt über dem kochenden Wasser 30 Minuten kochen lassen, dabei gelegentlich umrühren. 150 g Käse einrühren und Topf vom Feuer nehmen.
Eine flache Keramikform mit kaltem Wasser anfeuchten, Maisgrießmischung darin verteilen und abkühlen lassen.
Den Backofen auf 205 Grad vorheizen und ein Backblech

einfetten. Die Polenta in 5 cm große Quadrate schneiden und auf das Backblech setzen. Polenta mit dem restlichen Käse bestreuen und backen, bis der Käse geschmolzen und angebräunt ist, was ca. 10 Minuten dauert. Ergibt 18 Polentaschnitten.

Die Vorfahren des Zwergcollies bzw. Shetländischen Schäferhundes wurden vom schottischen Festland auf die Shetland-Inseln gebracht und dort mit kleineren Rassen gekreuzt, bis der Sheltie in seiner heutigen Form entstand. Das Leben auf den Shetland-Inseln ist hart und karg, geprägt von der kalten See und häufigen Stürmen. Der Boden ist felsig, die Vegetation zerzaust und dürftig.

Die Kleinwüchsigkeit des von dieser harten Umwelt abgehärteten Shelties war teilweise klimabedingt. Auf diesen Inseln, ebenso wie in Irland und in Schottland, lebten viele Hütehunde nur von deftigen Stampfkartoffeln und Milch, die sie sich mit ihren Herren teilten.

Hier ist ein einfaches Kartoffelgericht mit einem zusätzlichen Ei zur besseren Proteinversorgung.

Sheltie-Kartoffeltopf

        8 große Kartoffeln
    2 Eßl. Butter
    2 Eßl. Speisestärke
375 ml Milch
            Salz
            frisch gemahlener schwarzer Pfeffer
        2 hartgekochte Eier, grob gehackt
    2 Eßl. gehackte Petersilie

Kartoffeln waschen und schrubben, dann in einen großen Kochtopf mit so viel kaltem Wasser, daß sie bedeckt sind, geben und bei starker Hitze zum Kochen bringen. Die Kartoffeln 30 Minuten, bzw. bis sie gar sind, kochen, abgießen und warmstellen.

In einem kleinen Topf Butter bei mittlerer Hitze zerlassen, Maisstärke hinzugeben und kochen, bis die Speisestärke eben goldfarben ist. Langsam unter ständigem Rühren mit einem Schneebesen Milch hinzugeben und die Sauce kochen lassen, bis sie eingedickt ist. Mit Salz und Pfeffer abschmecken.

Kartoffeln in Bissen schneiden und in eine Schüssel geben. Gehackte Eier, Petersilie und Sauce hinzugeben, durch Schwenken gut mischen. Heiß servieren. Ergibt ca. 1,3 l Kartoffeltopf.

Schönheit ohne Eitelkeit, Stärke ohne Rauhheit,
Mut ohne Boshaftigkeit und alle Tugenden
des Menschen ohne seine Laster.

Lord Byron
Aus der Inschrift einer Gedenktafel
für den Neufundländer Boatswain

Diese reichhaltige Fischcremesuppe, eine Leckerei, die
man seinem liebsten Haustier einmal im Jahr gönnt, sorgt
für viel hochwertiges Fischeiweiß und besitzt einen delikaten Geschmack.

Fischcremesuppe

    2 Eßl. Butter
        1 Zwiebel, gehackt
        1 Karotte, gehackt
 1 Eßl. gehackte Petersilie
 ½ Tl. getrockneter Thymian
        1 Lorbeerblatt
  250 g weißfleischiger Fisch, ohne Gräten, in ca. 4 cm gro-
           ße Stücke geschnitten
  125 g Schalentiere (Jacobsmuscheln, Krabbenfleisch oder
           Shrimps, jeweils ohne Schale bzw. gepult)
  500 ml Fischbrühe
           Salz
           frisch gemahlener schwarzer Pfeffer
 1 Eßl. Speisestärke, aufgelöst in 2 Eßl. kaltem Wasser
  250 ml Crème fraîche
   60 ml Weißwein
           Fladenbrocken (Seiten 118 bis 123), im Dampf ge-
           garter Reis oder in kleine Stücke gebrochenes fran-
           zösisches Weißbrot

Butter bei mittlerer Hitze in einem großen Topf zerlassen. Zwiebeln, Karotte, Petersilie, Thymian und Lorbeerblatt hinzufügen und anschwitzen, bis die Zwiebeln glasig sind. Fisch, Schalentiere, Fischbrühe und nach Geschmack Salz und Pfeffer hinzugeben, zum Köcheln bringen. Das Ganze 6 bis 10 Minuten köcheln lassen. Die Speisestärkemischung hinzugeben und unter stetem Rühren kochen, bis die Mischung eingedickt ist. Crème fraîche und Weißwein hinzufügen und heiß werden lassen. Sofort über Fladenbrocken, Reis oder Brot servieren. Ergibt ca. 1,3 l Fischcremesuppe.

Sardinen sind eine ausgezeichnete Kalzium- und Eiweißquelle und sehr leicht auf Reisen mitnehmbar. Zwerghunde mögen diese Toasts besonders gerne.

Sardinen-Toast

        3 Scheiben Toastbrot
           Mayonnaise
           Dijon-Senf
 1 Dose ganze Sardinen, abgetropft
      $\frac{1}{2}$ Zwiebel, feingehackt
    40 g geriebener Chester, Emmentaler oder Edamer
        1 Messerspitze Paprika

Grill vorheizen. Brot toasten. Brot auf einer Seite mit Mayonnaise und Senf bestreichen. Sardinen darauf verteilen.
Mit Zwiebeln und Käse bestreuen und unter dem Grill
erhitzen, bis der Käse geschmolzen ist. In Bissen schneiden
und servieren. Ergibt 3 Toasts.

In Südfrankreich gibt es einen Wasserspaniel mit dem Namen Epagneul de Pont-Audemer, nach dem Fluß Aude. Der Pont-Audemer liebt Wasser und freut sich über diesen schmackhaften Fischtopf.

Provenzalischer Fischtopf

   3 Eßl. Olivenöl
      2 Zwiebeln, gehackt
      1 Knoblauchzehe, sehr fein gehackt
      4 Kartoffeln, geachtelt
      3 Tomaten, in Scheiben
   1,4 l Fischbrühe
     10 Miesmuscheln, gekocht und von der Schale befreit;
        Sud beiseite stellen
 1000 g Schellfisch- oder Flunderfilets, in ca. 4 cm große
        Stücke geschnitten
     10 Shrimps, gepult
        Saft von 1 Zitrone
        Salz
        frisch gemahlener schwarzer Pfeffer
   2 Eßl. gehackte Petersilie

Öl bei mittlerer Hitze in einem großen Topf heiß machen. Zwiebeln und Knoblauch hinzugeben und anschwitzen, bis die Zwiebeln glasig sind. Kartoffeln dazugeben und noch 15 Minuten kochen lassen. Bei Bedarf Wasser hinzugießen, damit die Kartoffeln nicht ansetzen. Tomaten, Fischbrühe, Muschelsud, Schellfisch bzw. Flunder und Shrimps hinzugeben. Etwa 5 Minuten, bzw. bis der Fisch und die Shrimps gerade durch sind, kochen. 2 Minuten vor Ende der Kochzeit die Muscheln einrühren. Nach Geschmack Zitronensaft sowie Salz und Pfeffer hinzufügen. Warm und mit Petersilie bestreut servieren. Ergibt ca. 2,7 l Eintopf.

Betätigungsfelder für Hunde
* Hütehund
* Wachhund
* Führer für Blinde und Gehörgeschädigte
* Jäger
* Fährtensucher
* Polizeihund (zum Aufspüren von Sprengstoffen und Drogen und zur Verfolgung von Verbrechern)
* im Krieg Träger von Arzneimitteln und Retter verwundeter Soldaten
* Weltraumforscher
* Zirkusartist
* Rennläufer
* Film- und Fernsehschauspieler
* Fotomodell
* Kämpfer
* bester Freund des Menschen

Hunde, die als Arbeitshunde oder Führer ausgewählt werden, müssen die Intelligenz eines siebenjährigen Kindes besitzen und eine Vielzahl von Kommandos ausführen können. Das wichtigste Merkmal bildet das Temperament: Hunde, die als Führer in Frage kommen sollen, müssen freundlich, anpassungsfähig, ausgeglichen und ruhig sein, Menschenansammlungen und Lärm vertragen und die Schwierigkeiten der unterschiedlichen Verkehrsmittel gelassen hinnehmen. Vielleicht von größter Bedeutung ist, daß als Führer dienende Hunde strengsten Gehorsam erlernen und doch gleichzeitig einen »intelligenten Ungehorsam« an den Tag legen können, wenn es darum geht, die Sicherheit des Herren zu gewährleisten.

7. Gemüse

Viele Menschen sind überrascht zu erfahren, daß Hunde
Gemüse sehr mögen. Gemüse ist eine seltene und willkom-
mene Abwechslung für diese armen Wesen, die tagein,
tagaus nur die Eintönigkeit ihres Trocken- oder Dosenfut-
ters kennen. Die Konsistenz und der Biß von frischem,
saftigem Gemüse sind wichtig in der Hundekost, sowohl
des Eßvergnügens als auch der Nährstoffe wegen.
Hunde sind im allgemeinen nicht wählerisch, was den Teil
der Brokkoli angeht, den sie verzehren. Deshalb ist es
sparsamer, wenn Sie die zarten Brokkoli-Röschen für sich
selbst behalten und dem Hund in diesem leckeren Hauptgericht die Strünke geben. Die etwas härteren Strünke sind
eine ausgezeichnete Rohfaserquelle und enthalten Proteine, die hier noch durch Käse ergänzt werden.

Gedämpfter Brokkoli mit Käsesauce

        Strünke eines Bündels Brokkoli
  2 Eßl. Butter
  2 Eßl. Mehl
250 ml Milch
  150 g geriebener Chester
        Salz
        frisch gemahlener schwarzer Pfeffer
        im Dampf gegarter Reis

Brokkolistrünke mit einem kurzen, scharfen Küchenmesser schälen, in bissengroße Stücke schneiden und in einen
Dampftopf geben. Brokkoli zugedeckt im Dampf garen, bis
er weich ist. Das Gemüse sollte eine frisch leuchtende
grüne Farbe besitzen. Während der Brokkoli kocht, Butter

218

bei mäßiger Hitze in einem kleinen Topf zerlassen, Mehl einrühren und diese Masse kochen, bis sie goldgelb ist. Auf keinen Fall braun werden lassen. Langsam unter ständigem Rühren die Milch zugeben. Käse hineingeben und umrühren, bis er geschmolzen ist. Mit Salz und Pfeffer abschmecken.

Im Napf ein Reisbett vorbereiten, Brokkoli daraufgeben und mit Sauce übergießen. Ergibt ca. 600 g Gemüse mit Sauce.

Wenn Sie Kartoffeln für den Hund vorbereiten, brauchen Sie diese nicht zu schälen. Sie müssen jedoch alle Keime entfernen, denn sie enthalten eine giftige Substanz.

Kartoffelpuffer

> 5 mittelgroße Kartoffeln
> Salz
> 250 ml Milch
> 3 große Eier, Eigelb und Eiweiß getrennt
> 4 Eßl. Butter
> Joghurt, Hüttenkäse oder saure Sahne

Kartoffeln in einen Kochtopf geben, mit Wasser bedecken, bei großer Hitze zum Kochen bringen und garkochen, ca. 25 bis 30 Minuten. Kartoffeln abgießen und mit der Schale stampfen, dann unter kräftigem Schlagen Milch und Eigelb hinzufügen. Eiweiß in einer Rührschüssel steifschlagen und unter die Kartoffeln heben. Bei mittlerer Hitze in einer Bratpfanne 1 bis 2 Eßlöffel Butter zerlassen. Für jeden Kartoffelpuffer 1 Eßl. Kartoffelmasse in die Pfanne geben und von beiden Seiten leicht anbräunen. Restliche Puffer auf gleiche Weise machen, bei Bedarf zusätzliche Butter in die Pfanne geben. Mit Joghurt, Hüttenkäse oder saurer Sahne servieren. Ergibt etwa 42 Kartoffelpuffer von 7 cm Durchmesser.

Dies ist ein herzhaftes Rezept, das sowohl den körperlich sehr geforderten wie den verhätschelten Hund anspricht. Auf den Irischen Setter treffen beide Beschreibungen völlig zu. Da er mit einer großen Schönheit gesegnet ist, beginnt der sehr darstellungswirksame Irish Setter als Ausstellungshund vorzuherrschen, wohingegen seine im Gelände gezeigte Ausdauer und Loyalität in den letzten Jahren ein wenig in den Hintergrund gerieten. Der sich erst spät entfaltende Setter, der von Natur aus ein Clown ist, kann schwer abzurichten sein, aber es heißt, eine einmal gelernte Lektion würde ein Hundeleben lang vorhalten.

Bei diesem Rezept bietet die Kombination aus Kartoffeln und Käse einmal eine herzhafte Abwechslung und außerdem viel Vitamin C und B. Hunde, die extremen Temperaturen ausgesetzt sind, brauchen übrigens eine an B-Vitaminen reichere Kost.

Kartoffel-Gratin »Big Red's«

       10 rote Kartoffeln, in dünnen Scheiben
     150 g Ricotta
     150 g geriebener Edamer
     250 ml Milch
         1 großes Ei
     3 Eßl. Butter, zerlassen
       75 g gehackte Petersilie
            Salz
            frisch gemahlener schwarzer Pfeffer

Den Backofen auf 165 Grad vorheizen und eine 2-l-Auflaufform einfetten.
Einen großen Topf Wasser zum Kochen bringen. Die Kar-

toffeln hineingeben, 5 Minuten kochen lassen, abgießen und abschrecken.

In die Form abwechselnd eine Schicht Kartoffeln, eine Schicht Ricotta und eine Schicht Edamer geben. In einem Mixer Ei, Milch, Petersilie und nach Geschmack Salz und Pfeffer verquirlen. Milchmischung über die Kartoffel-Käse-schichten gießen und 45 Minuten, bzw. bis die Kartoffeln weich sind und der Gratin auf der Oberseite gut braun ist, backen. Ergibt ca. 1,5 kg.

Diese schmackhaften, in Folie gebackenen gefüllten Kartoffeln sind so sättigend, daß sie auch die größten Rassen zufriedenstellen, etwa den großen Irischen Wolfshund, der es auf über 90 Pfund bringt. Diese herausragende Jagdhundrasse hat auf Safaris in Afrika Löwen und Kojoten und auf anderen Kontinenten Grauwölfe und Elche gehetzt. Heutzutage ist der Irische Wolfshund natürlich ein braver und ergebener Begleiter des Menschen und gibt sich eher mit häuslicher Kost zufrieden.

Folienkartoffeln mit Käse- und Fleischfüllung

2 große Kartoffeln zum Backen
225 g Rinder-, Schweins- oder Lammhackfleisch
Salz, frisch gemahlener schwarzer Pfeffer
150 g frisch geriebener Emmentaler
2 Eßl. Worcestersauce
2 Tl. gehackter frischer Schnittlauch oder gehacktes Grün von Frühlingszwiebeln

Den Backofen auf 220 Grad vorheizen.
Kartoffeln schrubben, mehrmals mit einer Gabel einstechen, in Alufolie wickeln und 45 bis 60 Minuten, bzw. bis sie beim Einstechen weich sind, backen.
Während die Kartoffeln backen, das Fleisch in eine kalte Bratpfanne geben und bei mittlerer Hitze anbraten, bis das Fleisch seine rötliche Farbe verloren hat, Fleischklumpen dabei mit einem Holzlöffel zerbröckeln. Nach Geschmack Salz und Pfeffer zugeben und das gesamte eventuell ausgetretene Fett abnehmen. Fleisch in eine Rührschüssel umfüllen. Käse und Worcestersauce hinzugeben und gut verrühren. Füllung in die Kartoffeln geben, Kartoffeln auf ein Backblech setzen und 20 Minuten (bzw. bis der Käse geschmolzen ist) backen. Mit dem gehackten Grün bestreuen und servieren. Ergibt 4 halbe Folienkartoffeln mit Füllung.

Die meisten Hunde lieben Süßkartoffeln samt Schale. An Nährstoffen liefern süße Kartoffeln, wie auch die weißen, Ballaststoffe und Kalium und haben zudem einen erstaunlich hohen Gehalt an Vitamin A und C. Sind keine süßen Kartoffeln zur Hand, können statt dessen Jamswurzeln verwendet werden.

Cremige Süßkartoffeln

       3 *große Süßkartoffeln*
   3 *Eßl. Butter*
125 *ml Crème fraîche*
       Salz
       frisch gemahlener schwarzer Pfeffer
1 *Prise frisch gemahlene Muskatnuß*

Den Backofen auf 180 Grad vorheizen.
Kartoffeln schrubben, oben mit einer Gabel einstechen, in Alufolie einwickeln und 1,5 Stunden, bzw. bis sie weich sind, backen. Kurz bevor die Kartoffeln gar sind, Butter bei mäßiger Hitze in einem kleinen Topf zerlassen. Crème fraîche, Salz und Pfeffer nach Geschmack sowie Muskat zugeben, alles heiß werden, jedoch nicht aufkochen lassen. Sauce warmstellen.
Kartoffeln mit der Schale in Scheiben schneiden. Kartoffelscheiben in eine Schüssel geben, Sauce darübergießen und zum Mischen leicht schwenken. Ergibt etwa 450 g Süßkartoffeln.

Schlittenhunde, diese unglaublich zähen Zugtiere, die lange Zeit die einzige Transportmöglichkeit für Expeditionen in die kältesten Regionen der Erde boten, sind in unseren Breiten relativ selten. Ein echtes Rezept für Schlittenhunde finden Sie hier. Wenn Sie die Originalzutaten nicht bekommen, wandeln Sie ein wenig ab. Statt Packeis tun es beispielsweise auch Eiswürfel aus dem Gefrierfach.

Polarbär-Steak mit Packeis-Sauce

2 Polarbär-Steaks (ca. 400 g), in kleine Streifen geschnitten
2 Eßl. Karibu- oder Rentiertalg
1 Alaska-Knoblauchzehe, fein gehackt
1 Tl. Tundra-Preiselbeeren, ungesüßt
100 g Grönländisches oder Antarktisches Packeis, aufgetaut
200 g gekochte Vollkornnudeln aus kanadischem Weizen

Talg in einer Pfanne heiß machen. Steakstreifen hineingeben und von allen Seiten gut anbräunen.

Fleisch mit einem Pfannenheber herausnehmen und beiseite stellen. Aufgetautes Packeis in die Pfanne geben und
den Fond mit allen braunen Stückchen lösen.

Preiselbeeren und Knoblauch dazugeben, Packeissauce
unter ständigem Rühren ein wenig reduzieren, damit sie
etwas dicker wird.

Vollkornnudeln in den Napf füllen, Steak daraufgeben und
mit Sauce übergießen. Ergibt ca. 600 g Polarbär-Steak mit
Nudeln.

Auld Jock und sein Skye Terrier Greyfriars Bobby, die Mitte des neunzehnten Jahrhunderts in Edinburgh lebten, waren ein Leben lang unzertrennlich. Nach dem Tod und der Beisetzung Auld Jocks auf dem städtischen Friedhof blieb Greyfriars Bobby bei ihm und hielt zehn Jahre an seinem Grab Wache. Von der Ergebenheit des Hundes gerührt, fütterten die Einwohner ihn und errichteten zu seinem Andenken später eine Statue.

Gefüllte Zucchini

6 *mittelgroße Zucchini*
150 g *geriebener Emmentaler*
75 g *Semmelbrösel*
75 g *Zwiebeln, geschnitten*
2 Eßl. *gehackte Petersilie*
Salz
frisch gemahlener schwarzer Pfeffer

Ganze Zucchini in einen großen Topf geben, mit Wasser bedecken und bei starker Hitze zum Kochen bringen. Temperatur verringern und Zucchini 20 Minuten leise kochen lassen. Zucchini abgießen und zum Abkühlen in eine Eiswasserschüssel geben.
Den Backofen auf 180 Grad vorheizen und eine flache Auflaufform, in der die Zucchini in einer einzigen Schicht untergebracht werden können, buttern.
Zucchini der Länge nach halbieren und das Fleisch mit einem kleinen Löffel oder einem Melonenschneider herausnehmen. Das Fleisch grob hacken und in eine Rührschüssel geben. Zwiebel, Käse, Semmelbrösel und Petersilie hinzufügen und gut mischen. Mit Salz und Pfeffer abschmecken.
Zucchini in die Form legen, gleichmäßig füllen und offen

20 Minuten, bzw. bis die Füllung heiß, der Käse geschmolzen und die Oberseite leicht gebräunt ist, überbacken. Ein wenig abkühlen lassen, dann in Bissen schneiden und mit Reis oder Kartoffeln servieren. Ergibt ca. 900 g gefüllte Zucchini.

Für die meisten Hunde und Katzen ist Austernsauce unwiderstehlich. Die Austernsauce verwandelt dieses einfache, aber köstliche Gemüsegericht in ein gutes Hauptgericht. Austernsauce ist in allen Lebensmittelgeschäften, die auf fernöstliche Küche spezialisiert sind, und zunehmend auch im Supermarkt erhältlich.

Zucchini sind preiswert, leicht verdaulich, wohlschmeckend und das ganze Jahr erhältlich. Hunde mögen die Konsistenz der Zucchini, und sollten Sie sich mit einer zu großen Menge an Zucchini in Ihrem Garten gesegnet finden, wäre zu empfehlen, sie für das eine oder andere Sommergericht Ihres Hundes zu verwenden.

Zucchini mit Austernsauce

125 ml Hühnerbrühe (Seite 128)
  2 Eßl. Austernsauce
  1 Eßl. Speisestärke
  2 Eßl. Pflanzenöl
     6 mittelgroße Zucchini, in dünne Scheiben geschnitten
        im Dampf gegarter Reis

Hühnerbrühe, Austernsauce und Speisestärke in einer kleinen Rührschüssel vermischen. Beiseite stellen.
Öl bei mittlerer Hitze in einem Wok heiß machen, Zucchini hineingeben und 5 Minuten, bzw. bis sie gar sind, anbraten. Die Sauce zu den Zucchini hinzugeben und unter ständigem Rühren weiterkochen lassen, bis die Sauce leicht eingedickt und gut mit den Zucchini gemischt ist. Ergibt ca. 500 g.

Dieses Gericht voller Proteine und Ballaststoffe und reich an Vitamin A und C ist genau das richtige für das Shar-Pei, den chinesischen Kampfhund, der bei aufstrebenden Städtern so populär geworden ist. Die »zu große«, faltenreiche Haut dieses Hundes war möglicherweise nützlich, als er als Kampfhund gezüchtet wurde – die Vielzahl der Falten verhinderte, daß der Gegner sich verbeißen und wichtige Blutgefäße beschädigen konnte. Heute wird der Shar-Pei jedoch sorgsam als gutmütiges – und teures – Heimtier gezüchtet.

Fernöstliche Gemüse mit Rindfleischsauce

   150 g Rinderhackfleisch
250 ml Grundbrühe für Hunde (Seite 127)
     1 Tl. Speisestärke, verrührt mit 2 Eßl. Sojasauce
3 Eßl. Pflanzenöl
      1 Knoblauchzehe, sehr fein gehackt
      2 Karotten, in ca. 1,5 cm große Stücke geschnitten
   300 g Bok Choy oder Napa-Kohl, in 2 bis 3 cm große Stücke geschnitten
150 g weiße Bohnen, verlesen und Fäden entfernt
      3 Frühlingszwiebeln, fein gehackt
        im Dampf gegarter Reis oder Fladenbrocken (Seiten 118 bis 123)

Rindfleisch in eine kalte Pfanne geben und bei mittlerer Hitze anbraten, Klumpen mit einem Holzlöffel zerbröckeln. Brühe und Sojasauce mit Stärke hinzugeben, kochen lassen, bis die Sauce ganz leicht abgebunden ist. Beiseite stellen.
Öl bei mittlerer bis starker Hitze in einem Wok erhitzen, Knoblauch hinzugeben und leicht anbräunen. Karotten

zugeben und 4 Minuten anbraten. Bok Choy hinzugeben und 4 Minuten anbraten. Fleisch mit der Sauce, weiße Erbsen und Schalotten hinzufügen, 2 Minuten kochen lassen, dabei das Gemüse sehr gut mit der Sauce mischen. Auf Reis oder Fladenbrocken servieren. Ergibt ca. 800 g Gemüse.

Manche Hunde sind sehr leichte Esser und bevorzugen ihre Kost schlicht gekocht und ohne besondere Gewürze. Hunden, die wenig Bewegung bekommen, tut eine gelegentliche vegetarische Mahlzeit nur gut. Diese einfachen, gekochten Gemüse mit der pikanten Senfsauce bilden ein Gericht, das reich an Kohlenhydraten ist und eine Vielzahl von Vitaminen liefert.

Gedünstete gemischte Gemüse mit Kräuterbuttersauce

4 Eßl. Butter
1 Eßl. gehackter frischer Estragon
1 Eßl. gehackte Petersilie
1 Eßl. Senfpulver
1 Eßl. Weinessig
      Salz, frisch gemahlener schwarzer Pfeffer
   2 Kartoffeln, in bissengroße Stücke geschnitten
   1 Kopf Blumenkohl, in Röschen zerteilt
   2 Karotten, in bissengroße Stücke geschnitten
150 g Erbsen
   1 Zwiebel, in 2 bis 3 cm große Würfel geschnitten

Butter in kleinem Topf bei schwacher Hitze zerlassen. Estragon, Petersilie, Senf, Essig und nach Geschmack Salz und Pfeffer hinzugeben. Die Mischung umrühren, bis sie heiß geworden ist, dann mindestens 15 Minuten stehenlassen, damit sich die Aromen entfalten können.
Einen großen Topf Wasser zum Kochen bringen. Kartoffeln hineingeben; deren Kochzeit beträgt 20 Minuten. Nach 7 Minuten den Blumenkohl hinzugeben; nach weiteren 7 Minuten die Karotten und 5 bis 6 Minuten vor Ende der Kochzeit die Erbsen dazugeben. Wenn alle Gemüse gar sind, abgießen und in eine Schüssel geben.
Die Buttersauce erneut erhitzen und über das Gemüse gießen. Ergibt 700 bis 900 g Gemüse.

8. Saucen

Auch das langweiligste Hundegericht kann mit einer delikaten Sauce reizvoll werden. Eine Sauce wirkt im Löffelumdrehen Wunder, wenn es darum geht, den Hund zum Verspeisen von faden Fladenbrocken, Getreide ohne Beilagen oder einem Potpourri von Essensresten zu verführen.

Hier haben wir eine ausgezeichnete Verwendung für Bratfett, das bei Braten oder Koteletts anfällt. Das Bratfett ist vielleicht für Sie und Ihre Familie zu cholesterinhaltig, aber es ist trotzdem nicht verloren, wenn Sie diese sämige Bratensauce damit zubereiten – die genau das richtige ist über Fladenbrocken oder Fleischresten.

Streuners Schwitze oder Bratensauce für Brave

> *60 g Bratfett*
> *40 g Mehl Type 550*
> *500 ml Grundbrühe für Hunde (Seite 127)*
> *oder*
> *500 ml Wasser mit 2 Eßl. Instantpulver für Rinderbouillon*
> *1 Prise Salz (wahlweise)*

Bratfett in der Bratpfanne oder in einem Topf bei mittlerer Hitze heiß machen. Mehl langsam zugeben und anbräunen lassen, dabei ständig rühren. Brühe oder Wasser mit Instantpulver langsam einrühren und unter Rühren kochen lassen, bis die Sauce eingedickt ist. Salz hinzugeben, wenn die Grundbrühe benutzt wurde.
Ergibt ca. 500 ml Bratensauce.

Dies ist eine besonders reichhaltige Sauce, die für besondere Gelegenheiten, jedoch keinesfalls für einen auf Diät gesetzten Hund, gedacht ist. Da sie viel Butter und Ei enthält, wird sie am besten zu einer kalorienarmen Vorspeise gegeben.

Sauce Chiennaise

```
   8 Eßl.  Butter
   1 Eßl.  sehr fein gehackte Schalotte
  60 ml   Sherry-Essig
 ¼ Tl.    getrockneter Estragon
          Salz
       2 Eigelb
```

Im abgenommenen und direkt auf die Platte gesetzten Oberteil eines zweistöckigen Topfs die Butter bei mäßiger bis schwacher Hitze zerlassen. Schalotte hinzugeben und 2 bis 3 Minuten leicht anschwitzen. Essig, Estragon und nach Geschmack Salz und Pfeffer einrühren, kurz aufkochen. Vom Feuer nehmen und die Mischung soweit abkühlen lassen, bis sie lauwarm ist. Kurz vor dem Aufgeben die Eigelbe mit einem Schneebesen in die Mischung einrühren und das Oberteil auf das mit köchelndem Wasser gefüllte Unterteil aufsetzen. Sauce unter ständigem Schlagen erhitzen, bis sie eindickt und cremig wird. Ergibt etwa 160 ml Sauce.

Dieses nicht zu scharfe und nicht zu süße Rezept wurde von einem Rinder hütenden Hund beigesteuert, der diese Sauce als goldrichtige Beigabe zu Schlangen, Eidechsen, Gürteltieren und anderen Krabbeltieren empfiehlt.

»Red Rover« Barbecue-Sauce nach Texas-Art

  1 Knoblauchzehe, sehr fein gehackt
  1 mittelgroße Zwiebel, feingehackt
125 ml Ketchup
125 ml Wasser
  1 Eßl. Melasse
  1 Eßl. Worcestersauce
  1 Tl. Dijon-Senf
       Salz, frisch gemahlener schwarzer Pfeffer

Alle Zutaten in einer Rührschüssel miteinander vermischen. Diese Sauce eignet sich zum Bestreichen von Rippchen, Steaks, Frankfurtern oder Hamburgern, die bei mittlerer Hitze gegrillt werden. Ergibt ca. 300 ml Sauce.

Aus einem unerfindlichen Grund sind die meisten Hunde ganz scharf auf Erdnußbutter. Bei uns zu Hause betteln sie darum, und es fällt schwer, sich ihren flehenden Hundeblicken zu entziehen, wenn man ein Brot mit Erdnußbutter für den menschlichen Esser zubereitet. Diese Erdnußsauce beruht auf einer traditionellen javanischen Sauce. Die sehr eiweißreiche Sauce sollte sparsam über Salate, Gemüse, Brot oder Fladenbrocken gegeben werden.

Erdnußfan-Sauce

1 Eßl. Erdnußöl
75 g gehackte Zwiebel
150 g Erdnußcreme (glatte oder mit Stückchen)
125 ml Wasser
$\frac{1}{2}$ Knoblauchzehe, sehr fein gehackt
1 Eßl. Honig
$1\frac{1}{2}$ Tl. Tamarisauce
$1\frac{1}{2}$ Tl. geriebener frischer Ingwer
1 Tropfen Tabasco
375 ml Milch

Öl bei mittlerer Hitze in einem großen Topf heiß machen. Zwiebeln hinzufügen und anschwitzen, bis sie weich und glasig sind. Erdnußcreme und Wasser dazugeben, langsam und gründlich vermischen, damit man eine Paste erhält. Knoblauch, Honig, Tamarisauce, Ingwer und die Pfeffersauce einrühren. Unter ständigem Rühren nach und nach die Milch hinzugießen, bis die Sauce glatt ist. Die Sauce heiß machen, aber nicht aufkochen lassen. Warm oder kalt servieren. Ergibt etwa 900 ml Sauce.

»Lefzen« ist der Fachausdruck für die »Lippen« eines Tieres. Das »Abschlecken der Lefzen« zeigt die Vorfreude auf ein schmackhaftes Essen an. Manche Tiere treiben die Vorfreude bis ins Extreme: Eine unserer Katzen hält mit über fünfzig »Schleckern« für ein einziges Hähnchenstück den Hausrekord! Diese Lebersauce verschafft Ihnen garantiert das Schauspiel eines frenetischen Lefzenschleckens.

Lebersauce »Lefzenschlecker«

3 Eßl. Butter
150 g Hühnerleber
250 ml Milch
1 Eßl. Speisestärke
2 Tl. gehackter Schnittlauch
Salz

In einer kleinen Pfanne bei mittlerer bis starker Hitze 1 Eßl. Butter zerlassen. Geflügelleber hineingeben und ca. 10 Minuten, bzw. bis sie gar ist, braten. Die Leber pürieren, dabei so viel Hühnerbrühe zugeben, daß man eine glatte, flüssige Mischung erhält.
Speisestärke und restliche Brühe verrühren. Verbleibende 2 Eßl. Butter bei mittlerer Hitze in einem Topf erwärmen. Stärkemischung und Schnittlauch hinzugeben, mit Salz abschmecken und Sauce kochen, bis sie glatt und eingedickt ist. Pürierte Leber hinzugeben und gut vermischen. Bei Bedarf die Sauce mit Wasser verdünnen. Über Fladenbrocken oder Getreide servieren. Ergibt ca. 500 ml Sauce.

Wenigflieger

Die internationale Lufttransportvereinigung IATA rät davon ab, folgende Hunde im Flugzeug reisen zu lassen:

* stillende Hündinnen und noch nicht abgestillte Welpen
* läufige Hündinnen
* Welpen unter acht Wochen
* kurzschnäuzige Rassen mit Atmungsproblemen

British Airways läßt keine kurzschnäuzigen Rassen, darunter Pekinese, Mops, Bulldogge und Boxer, zu.

Diese Sauce verleiht jedem Gericht einen exotischen Geschmack. Sie ist vielseitig verwendbar und paßt zu Fisch, Geflügel und Fleisch.

Fernöstliche Hundesauce

1 Knoblauchzehe, sehr fein gehackt
250 ml Hühnerbrühe (Seite 128)
2 Eßl. Tamarisauce
2 Eßl. Speisestärke
1 Eßl. trockener Sherry
1 Tl. braune Bohnensauce (in China-Lebensmittelgeschäften)
1 Tl. Zucker
1/4 Tl. Senfpulver

Alle Zutaten in einen Mixer geben und solange mixen, bis sie gut miteinander gemischt sind. Die Masse in einen kleinen Topf geben und bei mittlerer Hitze aufkochen lassen, unter ständigem Rühren weiterkochen, bis die Sauce eingedickt und ein wenig in der Menge reduziert ist. Ergibt ca. 250 ml Sauce.

Der milde Curry-Geschmack und der eiweißreiche Joghurt geben dieser Sauce gerade genug Pep, um das Interesse des Hundes an Fladenbrocken oder anderen Getreidegerichten wieder zu wecken. Besonders gut paßt sie zu Reis und Eiern (siehe Eier mit Safranreis »Schwanzwedler«, Seite 112) oder zu Bulgur.

Currysauce

250 ml Hühnerbrühe (Seite 128)
1 Eßl. Speisestärke, verrührt mit 2 Eßl. Wasser
125 g fettarmer Naturjoghurt
½ Tl. gemahlener Kreuzkümmel
½ Tl. gemahlener Koriander
½ Tl. Kukuma

Hühnerbrühe und angerührte Stärke in einem kleinen Topf mischen. Bei mittlerer Hitze zum Kochen bringen und unter ständigem Rühren kochen, bis die Mischung eingedickt ist. Topf vom Feuer nehmen, mit einem Schneebesen Joghurt, Kümmel, Koriander und Kurkuma untermischen. Ergibt ca. 350 ml Sauce.

Was geht in ihren kleinen Köpfen wirklich vor?

Mit der Domestizierung der Hunde verminderte sich deren Gehirnkapazität und lag schließlich 20 bis 30 Prozent unter der eines vergleichbar großen Wolfes. Trotzdem denkt gar mancher, sein Hund sei ein Mensch mit Pelz. Hunde sind insoweit intelligent, als sie bei einer Erziehung, die ihre Möglichkeiten voll ausschöpft, eine Reihe von Aufgaben und Signalen erlernen können, d. h. bestimmte Befehle mit einem ganz bestimmten Verhalten und ganz bestimmten Belohnungen verknüpfen. Ein Hund erreicht bestenfalls die Intelligenz eines siebenjährigen Kindes. Hunde haben ein hervorragendes Gespür für Körpersprache, und ihr »Hunderadar« nimmt unsere Gefühle wahr – manchmal scheint ein Hund schon zu wissen, was geschehen wird, bevor man es ihm sagt.

Ein Großteil der Intelligenz des Hundes ist instinktiv, etwa der Jagdinstinkt (fragen Sie mal ein Eichhörnchen) und der Revierinstinkt (fragen Sie mal einen Briefträger). Hunde fallen, wenn sie die Möglichkeit dazu haben, ins Rudelverhalten zurück, deshalb sollte man verhindern, daß der Hund mit anderen aus der Nachbarschaft herumstreunt. Der Mutterinstinkt ist bei den meisten Hündinnen ganz natürlich vorhanden.

9. Dekadente Hunde-Desserts

Hunde lieben Süßigkeiten und brauchen sich im Gegensatz zum Menschen keine großen Sorgen um den Zustand ihrer Zähne zu machen. Da zuviel des Guten jedoch Ernährungsprobleme verursachen kann, sind die hier vorgestellten Rezepte nur für besondere Gelegenheiten gedacht, etwa Hundegeburtstage, Feiertage und sonstige außergewöhnliche Hundetage.

Daß Süßigkeiten die Ursache von Würmern sind, ist eine alte Mär. Richtig ist dagegen, daß zuviel Zucker in der Kost dem Hund den Appetit auf nahrhaftere Speisen verdirbt. Ein Zuviel an Zucker führt auch leicht zu einer unausgewogenen Ernährung, da für den Abbau von Zucker im Körper große Mengen Vitamine und Nährstoffe benötigt werden. Aus diesem Grund werden die Nachspeisen mit wenig Zucker zubereitet – allerdings nicht so wenig, daß sie unattraktiv werden. Außerdem werden sehr nährstoffreiche Zutaten, wie Gemüse, Eier, Milchprodukte und Getreide, verwendet.

Viele Hunde mögen Obst leidenschaftlich gerne, Sie können daher nach und nach frisches Obst in kleineren Mengen mit auf den Speiseplan setzen. Bei Hunden beliebt sind Bananen, Birnen, Äpfel, Trauben und Melonen.

Der nachgewiesene Geschwindigkeitsrekord für Greyhounds liegt bei knapp über 61,5 km pro Stunde. Hunde, die großer körperlicher Anstrengung ausgesetzt sind, haben einen erhöhten Kalorienbedarf, der durch Aufnahme einer einfachen Nachspeise in den Speiseplan gedeckt werden kann.

Schneller Hundepudding

500 ml Milch
  75 g Maisgrieß
  2 Eßl. Melasse
  2 Eßl. Honig
      2 große verquirlte Eier
$\frac{1}{2}$ Tl. Salz
$\frac{1}{4}$ Tl. frisch gemahlene Muskatnuß

Den Backofen auf 180 Grad vorheizen und eine Keramikform von 1 l Fassungsvermögen buttern.
Milch in einem mittelgroßen Topf bei mittlerer Hitze zum Kochen bringen. Maisgrieß langsam unter ständigem Rühren dazugeben, bei schwacher Hitze weiterkochen, bis die Mischung eindickt. Melasse und Honig unterrühren, dann Eier, Salz und Muskatnuß unterschlagen. Das Ganze in die vorbereitete Form geben und 1 Stunde backen. Warm oder mit Zimmertemperatur servieren. Ergibt etwa 650 ml Pudding.

Genesende Hunde brauchen häufig einen besonderen Appetitanreiz. Diese Nachspeise verbindet ein nahrhaftes Getreide mit einer leichten, süßen Sauce, die Ihr Hund mit Freude aufschlecken wird.

Hirse-Überraschung

150 g Hirse
720 ml Wasser
$\frac{1}{2}$ Tl. Salz
125 ml Ahornsirup
1 Tl. Zimt
$\frac{1}{2}$ Tl. gemahlene Nelken

Den Backofen auf 180 Grad vorheizen und eine Keramikform von 1 l Fassungsvermögen buttern.
Hirse, Wasser und Salz in einen Topf geben und zum Kochen bringen. Vom Feuer nehmen und Ahornsirup, Zimt und Nelkenpulver einrühren. Das Ganze in die vorbereitete Form geben und 45 Minuten backen. Warm oder mit Zimmertemperatur servieren. Ergibt etwa 1 l Pudding.

Wenn Ihr Hund Probleme hat, das Wasser zu halten, ist eine mit Zedernspänen gepolsterte Schlafstatt nichts für ihn. Zedernspäne können in Verbindung mit Urin Bakterieninfektionen begünstigen.

Die meisten Hunde in den Südstaaten der USA wissen, wie gut die natursüßen Jamswurzeln sind. Nichts könnte schöner sein als ein Hundenickerchen mit süßen Träumen, nachdem man sich den Bauch mit einer guten Mahlzeit gefüllt hat, zu der dieser leckere Pudding gehört.

Jamspudding

300 g fein geriebene rohe Jamswurzeln oder Süßkartoffeln
3 große Eier, Eigelb und Eiweiß getrennt
500 ml Milch
125 ml Honig
125 ml hellen Maissirup
3 Eßl. Butter, zerlassen
½ Tl. Zimt
¼ Tl. gemahlene Nelken
¼ Tl. frisch gemahlene Muskatnuß

Den Backofen auf 180 Grad vorheizen und eine Auflaufform von 2 l Fassungsvermögen buttern.
Jamswurzeln, Eigelb, Milch, Honig, Maissirup, Butter, Zimt, Nelken und Muskatnuß in einer Rührschüssel gründlich mischen. In einer anderen Schüssel Eiweiß steifschlagen. Einen gehäuften Löffel Eischnee in die Jamsmasse einrühren, dann restlichen Eischnee unterheben.
Das Ganze in die vorbereitete Form geben und 1 Stunde, bzw. bis der Pudding fest ist, backen. Ergibt etwa 1 l Pudding.

Sojaprodukte enthalten sehr viel Eiweiß und werden oft für handelsübliches Heimtierfutter verwendet. Tofu ist äußerst gut verdaulich und beruhigt, da er sehr mild ist, bei Magenreizung. Hunde sind verrückt nach diesen honigumhüllten Häppchen – um sie zu bekommen, ist ein Hund zu allen möglichen Kunststücken bereit.

Tofu mit Honigsauce

1 Paket (450 g) schnittfester Tofu
2 Eßl. Speisestärke
2½ Eßl. Sesamsamen
500 ml Pflanzenöl zum Fritieren
125 ml Honig

Tofu abspülen und abtropfen lassen, dann in 2 bis 3 cm große Würfel schneiden. Auf einem Teller oder einem Stück Butterbrotpapier Speisestärke mit 2 Tl. Sesamsamen vermischen. Tofu in der Sesammischung wenden.
Öl bei starker Hitze in einem Wok heiß machen, aber nicht zum Rauchen bringen. Jeweils einige Tofustücke darin fritieren, bis sie goldbraun sind, dabei einmal wenden. Auf Küchentüchern abtropfen lassen.
In einem kleinen Topf Honig mit etwas Wasser erwärmen, damit es eine dünnflüssige Sauce ergibt. Tofu auf einen Teller geben, mit Sauce übergießen und zum Garnieren mit Sesamsamen bestreuen. Ergibt ca. 500 g Tofudessert.

Dies ist ein hervorragendes Gericht, um Kürbis, den man eventuell zuviel hat, zu verwerten. Da Ihr Hund sich an Halloween nicht selbst einen Kürbis aushöhlen kann, ist die zweitbeste Lösung, ihn mit einem zu füttern.

Kürbis in Sauce

> *1 mittelgroßer Kürbis*
> *80 ml Honig*
> *50 g Rosinen*

Den Backofen auf 180 Grad vorheizen. In eine große flache Backform 2 bis 3 cm hoch Wasser füllen.

Kürbis aufschneiden, den Stiel wegwerfen, die Samen und die klebrigen Zwischenhäute herauskratzen. (Den Kürbis nicht schälen – die Schale ist eine gute Rohfaserquelle für den Hund.) Kürbis in 2 bis 3 cm große Stücke schneiden und in die vorbereitete Backform geben. 1 Stunde, bzw. bis der Kürbis gar ist, im Ofen lassen.

Honig in einem kleinen Topf mit etwas Wasser erwärmen, damit es eine dünnflüssige Sauce ergibt. Rosinen hineingeben und 10 Minuten köcheln lassen. Kürbis in eine flache Schüssel umfüllen und mit Sauce übergießen. Ergibt ca. 1 kg Kürbis mit Sauce.

Schokolade ist für Hunde schädlich, obwohl die meisten Hunde sie selbstverständlich mögen und Schokoladengebäck oder -riegel sehr gerne verspeisen. Eine regelrechte Schokoladensucht geht bei einem Hund zumeist mit schwerem Durchfall einher, und der Hund kann tatsächlich eine Vergiftung erleiden.

Diese Nachspeise ist zum einen ein süßer Genuß, zum anderen enthält sie wichtige Proteine.

Süßkartoffeltorte

   3 gekochte große Süßkartoffeln
   2 große Eier, Eigelb und Eiweiß getrennt
125 ml Ahornsirup
  1 Tl. Salz
 ½ Tl. gemahlener Piment
 ¼ Tl. gemahlener Ingwer
 ¼ Tl. gemahlene Nelken
      Teig für eine ungedeckte Torte von 23 cm Durchmesser

Den Backofen auf 180 Grad vorheizen.
Süßkartoffeln schälen und in einer Rührschüssel stampfen. Eigelb, Ahornsirup, Salz, Piment, Ingwer und Nelken dazugeben und gut schlagen. In einer anderen Schüssel Eiweiß steifschlagen. Einen Löffel Eischnee in die Kartoffelmasse einrühren, dann den restlichen Eischnee unterheben.
Tortenboden füllen und 30 bis 40 Minuten, bzw. bis die Füllung eben fest geworden ist, backen. Mit Zimmertemperatur servieren. Ergibt eine Torte von 23 cm Durchmesser.

10. Sonderkost

Diätgerichte

Kalte Fleischplatte, Kohlrouladen, Gemüse in der Kartoffelkruste – diese Rezepte geben der Moral jedes auf Diät gesetzten Hundes einen kräftigen Schub nach oben. Reich an Geschmack und an Bißsubstanz, aber arm an Kalorien, hilft diese Kost beim erfolgreichen Abnehmen. Benutzen Sie auf jeden Fall die Tabelle, um die Fortschritte Ihres Hundes zu notieren. Obwohl nur wenige von uns auf den Gedanken kommen, unserem Hund Salate vorzusetzen, essen die meisten Hunde frische Gemüse, die mit einer schmackhaften Sauce angerichtet sind, ausgesprochen begierig.

> Die alte Mutter Hubbard
> Ging zur Schublad'
> Einen Knochen holen
> Für den armen Hund.
> Als sie zur Schublad' kummt
> Da war diese leer
> Das ertrug der Hund nur schwer.

Der Bund mit einem treuen Hund ist so »ewig« wie Bindungen zwischen Lebewesen dieser Erde überhaupt sein können. Dies mag jeder bedenken, der sich einen Hund anschafft.

Konrad Lorenz,
So kam der Mensch auf den Hund

Hunde haben eine erstaunliche Fähigkeit, den Heimweg auch über große Entfernungen zu finden, wenn sie sich verirrt haben. Schon mehr als ein Hund hat in einer fremden Stadt, in der er noch nie vorher war, das neue Zuhause seines Eigentümers gefunden.

Kalte Fleischplatte

250 ml Olivenöl
1 Tl. Knoblauchzehe, sehr fein gehackt
1 Tl. Dijon-Senf
1 Eigelb
60 ml Kräuteressig
Salz
$^1/_2$ Kopf Weißkohl, gehobelt
150 g gekochtes Rindfleisch, gewürfelt
4 gekochte neue Kartoffeln, halbiert
40 g gehackte Petersilie

Zur Vorbereitung der Salatsauce Öl, Knoblauch, Senf, Eigelb und Essig in einer Schüssel zu einer glatten Mischung verrühren und mit Salz abschmecken. Beiseite stellen.
Kohl auf einer Platte verteilen und Rindfleisch und Kartoffeln darauf arrangieren. Sparsam mit Salatsauce übergießen, mit Petersilie bestreuen und servieren.
Ergibt ca. 1,3 kg Salat.

Bulgur enthält mehr Eiweiß als Naturreis, Hähnchenflügel oder Tofu! Und da die meisten Hunde Rosinen zum Fressen gerne haben, ist dieses Rezept ein besonders leckeres Gericht.

Mittelmeersalat

300 g Bulgur
        Salz
500 ml Wasser
60 ml Grundbrühe für Hunde (Seite 127)
1 Eßl. Olivenöl
75 g gehackte Walnüsse
40 g Rosinen
2 Eßl. gehackte Petersilie
        frisch gemahlener schwarzer Pfeffer
1 Salatkopf, in bissengroße Stücke gerupft

Bulgur, Wasser und Salz in einen Topf geben, bei mittlerer Hitze zum Kochen bringen. Temperatur verringern und zugedeckt etwa 15 Minuten köcheln lassen, Deckel abnehmen und Bulgur auf Zimmertemperatur abkühlen lassen. Walnüsse, Rosinen, Petersilie und nach Geschmack Salz und Pfeffer zum Bulgur hinzugeben und mit leichter Hand mischen. Brühe und Öl in einer kleinen Schüssel verrühren, zur Bulgurmischung hinzugeben und erneut mit leichter Hand mischen.

Im Napf ein Salatbett vorbereiten. Bulgur löffelweise einfüllen und mit Zimmertemperatur servieren. Ergibt ca. 1 kg Salat.

Die Hunde fressen die Brosamen, die
vom Tisch ihrer Herren fallen.

Matthäus, 15,27

Der Cocker-Spaniel ist eine der Rassen, bei der ganz besonders auf das Gewicht zu achten ist. Nehmen wir als Beispiel
Freckles, eine zutrauliche Cocker-Spaniel-Hündin, die in
der Pension Kalorama Guest House in Washington, D. C.,
zu Hause ist. Freckles ist ständiger Gast im sonnigen Früh-
stückszimmer und erbettelt von diesem Gast ein Stückchen
Brot, von jenem ein Stückchen vom Croissant, vom dritten
ein bißchen vom Muffin, und dies tagtäglich. Für Freckles
summiert sich das zu mehreren hundert unnötigen Kalorien am Tag – was ihren Besitzer zu steter Wachsamkeit im
Hinblick auf ihr Gewicht zwingt.

Diätsalat mit Hamburger-Dressing

>   75 g *Rinderhackfleisch*
> 250 ml *Grundbrühe für Hunde (Seite 127)*
>   1 Eßl. *Olivenöl*
>   *Salz, frisch gemahlener schwarzer Pfeffer*
>   75 g *grüner Salat, in bissengroße Stücke gerupft*
>   1 Eßl. *Weizenkleie*
>   75 g *Hüttenkäse (1% Fett)*

Rinderhackfleisch in eine kalte Pfanne geben und bei mittlerer Hitze anbraten, dabei das Fleisch mit einem Holzlöffel
zerbröckeln. Hackfleisch auf Papiertüchern abtropfen lassen, dann in eine kleine Schüssel geben und Brühe und Öl
hinzufügen, mit Salz und Pfeffer abschmecken.
Salatblätter in den Napf geben, Fleischsauce auf dem Salat
verteilen und das Ganze mit Kleie bestreuen. Hüttenkäse in
die Mitte des Salats geben und servieren. Ergibt ca. 500 g Salat.

Dem »Guiness-Buch der Rekorde« zufolge war einer der schwersten Hunde, die nachgewiesen wurden, der Bernhardiner Schwarzwaldhof Duke, bei dem der Zeiger der Waage auf 140,6 kg kletterte – und der ganze 5 Jahre alt wurde. Mit diesem schönen, knackigen Salat kann jeder Vierbeiner einige Pfunde abspecken. Die Menge an rohen Zwiebeln kann ruhig verringert werden, oder Sie können die Zwiebeln ganz streichen, wenn Ihr Hund keine mag.

Schlanker Thunfischsalat

> *1 Kopf Weißkohl, gehobelt*
> *1 Karotte, gerieben*
> *40 g fein gehackte Zwiebeln*
> *125 ml Olivenöl*
> *65 ml Rotweinessig*
> *1 Eßl. Dijon-Senf*
> *1 Tl. Zucker*
> *1 Dose (185 g) Thunfisch in Wasser und eigenem Saft*

In einer großen Schüssel Kohl, Karotte und Zwiebeln mischen. In einer kleinen Schüssel Öl, Essig, Senf und Zucker glattrühren. Thunfisch abgießen, in Stücken in die Salatsauce geben und gut mischen. Thunfischdressing über die Gemüse gießen und gut miteinander mischen. Mit Zimmertemperatur servieren.
Ergibt ca. 1 kg Salat.

Streß

Unser Hund identifiziert sich mit uns und wird deshalb von unserem Gemütszustand beeinflußt. Die Persönlichkeit eines Hundes wird durch die Haltung des Herrchens mit beeinflußt. Ein gelangweilter, deprimierter, verärgerter, unsteter, gleichgültiger, angespannter oder sehr schroffer und nachlässiger Eigner gibt mit seinem Verhalten dem des Hundes die entsprechende Ausprägung.

Weißkohl ist reich an Vitamin C und versorgt den auf Diät gesetzten Hund mit Rohfaser. Die ausgewogene Füllung ist hier eine eigenständige Mahlzeit. Für kleinere Hunde können Sie Portionen einfrieren, um sie später zu Suppe zu geben.

Kohlrouladen

>   10 *große Weißkohlblätter*
>   150 g *gehacktes gekochtes Hähnchen*
>   150 g *gekochter Reis*
>   1 Tl. *gehackte Petersilie*
>   ½ Tl. *getrockneter Oregano*
>   *Salz*
>   *frisch gemahlener schwarzer Pfeffer*
>   125 g *fettarmer Naturjoghurt*
>   125–
> 250 ml *Hühnerbrühe (Seite 128)*
>   75 g *geriebener Chester*

Den Backofen auf 180 Grad vorheizen. Eine Auflaufform, in der 10 Rouladen in einer Schicht untergebracht werden können, einölen. Mit einem scharfen Küchenmesser den dicken weißen Stielansatz der Kohlblätter entfernen. Einen großen Topf Wasser zum Kochen bringen, Kohlblätter hineingeben und köcheln lassen, bis sie weich genug zum Aufrollen sind. Blätter auf Papiertücher geben und abkühlen lassen.

In einer Rührschüssel Hähnchen, Reis, Petersilie und Oregano mischen, mit Salz und Pfeffer abschmecken. Soviel Joghurt zugeben, daß die Mischung gebunden wird und eine cremige Konsistenz erhält. Kohlblätter auslegen und in die Mitte jedes Blattes 2 Eßl. der Hähnchenmischung geben. Blätter aufrollen, dabei die Seiten einschlagen und in die Auflaufform legen. Etwa 2,5 cm hoch Brühe in die Form gießen, dann Rouladen mit Käse bestreuen. Zudecken und 30 Minuten backen. Warm servieren. Ergibt 10 Kohlrouladen.

Dieses nahrhafte Gericht kann mit allen Gemüsesorten, die gerade zur Hand sind, zubereitet werden – wichtig ist nur eine gute Zusammenstellung.

Gemüse in der Kartoffelkruste

Kruste

     4 mittelgroße, ungeschälte Kartoffeln, in Stücke geschnitten
2 Eßl. Margarine
       Salz
       frisch gemahlener schwarzer Pfeffer
     1 Eigelb, verquirlt

Füllung

  375 g gemischte Gemüse
     oder
    75 g gewürfelte Karotten
    75 g gewürfelte und geschälte Brokkolistrünke
    75 g gewürfelte Zucchini
    75 g in ca. 1,5 cm lange Stücke geschnittene grüne Bohnen
    sowie
    75 g Mais
   $\frac{1}{4}$ Tl. getrockneter Oregano
   $\frac{1}{4}$ Tl. getrockneter Thymian
       Salz
       frisch gemahlener schwarzer Pfeffer
  2 Eßl. Speisestärke
250 ml Hühnerbrühe (Seite 128)
 60 ml Sherry

Den Backofen auf 205 Grad vorheizen und eine Tortenform von 23 cm Durchmesser einfetten.

Zur Vorbereitung der Kruste die Kartoffeln in einen Topf geben, mit Wasser bedecken, zum Kochen bringen und offen 15 bis 20 Minuten, bzw. bis sie gar sind, kochen. Kartoffeln abgießen und stampfen, dabei Margarine hinzufügen und mit Salz und Pfeffer abschmecken. Die gestampften Kartoffeln gleichmäßig auf dem Boden und entlang der Seite der Form verteilen. 35 bis 40 Minuten vorbacken, dabei nach 15 Minuten mit Eigelb auspinseln. Kruste, wenn sie fest und goldbraun ist, aus dem Ofen nehmen und abkühlen lassen.

Backofentemperatur auf 180 Grad verringern.

Für die Füllung Karotten, Brokkoli und grüne Bohnen in den Einsatz eines Dampftopfs geben und bei geschlossenem Topf 7 bis 8 Minuten, bzw. bis das Gemüse gar ist, kochen. Während der letzten vier Minuten Kochzeit die Zucchini hinzufügen.

Gekochtes Gemüse in eine Rührschüssel umfüllen. Mais, Oregano, Thymian und nach Geschmack Salz und Pfeffer hinzugeben und gut mischen. Gemüsemischung in die abgekühlte Kartoffelkruste geben. Speisestärke in eine kleine Schüssel geben, mit Brühe verrühren, dann den Sherry unterrühren. Diese Mischung über das Gemüse gießen und die Torte 25 Minuten, bzw. bis sie sehr heiß und die Sauce eingedickt ist, backen. Ergibt eine Torte von 23 cm Durchmesser.

Tofu ist eine außerordentliche Eiweißquelle und liefert pro Pfund nur wenige Gramm weniger als Hähnchenflügel oder -rücken. Er besitzt keinen ausgeprägten Eigengeschmack und ist leicht verdaulich. In der Hundekost ist Tofu ein angenehm schmeckender Fleischersatz bzw. ein Füller zur Streckung des Fleisches. In der hier beschriebenen Suppe nimmt der Tofu das volle Aroma der Hühnerbrühe an.

Tofusuppe mit Ei

  1,5 l *Hühnerbrühe (Seite 128)*
   1 *Packung (450 g) fester Tofu, abgetropft, unter flie-*
    ßendem Wasser abgespült und in 2 bis 3 cm große
    Würfel geschnitten
   2 *Frühlingszwiebeln, gehackt*
 2 *Eßl. gehackte Petersilie*
 2 *Eßl. Tamarisauce*
 2 *Eßl. Speisestärke, aufgelöst in 3 Eßl. kaltem Wasser*
   1 *Ei, verquirlt*

Hühnerbrühe in einem Kochtopf zum Kochen bringen; Tofu hinzugeben und Temperatur verringern. Schalotten, Petersilie, Tamarisauce und aufgelöste Speisestärke hinzufügen. Suppe erneut zum Kochen bringen, Ei einrühren und die Suppe einen kleinen Moment kochen lassen. Ergibt etwa 1,8 l Suppe.

Entscheidend für das Gelingen dieses Rezepts ist das Vorkochen, mit dessen Hilfe das Fleisch zarter wird. Achten Sie darauf, den Pansen so frisch wie möglich zu kaufen – unter Umständen müssen Sie ihn bei Ihrem Metzger vorbestellen. Für dieses Rezept ist sowohl Vormagen als auch Netzmagen sehr gut geeignet, der Netzmagen ist allerdings zarter.

Schmackhafte schlanke Pansensuppe

> 500 g Pansen
> 1 Tl. Salz
> ½ Zitrone, in Scheiben
> 1,5 l Wasser
> 1 Karotte, gehackt
> 2 Kohlrübe, gehackt
> 2 Frühlingszwiebeln, in dünnen Scheiben
> 1 Knoblauchzehe, sehr fein gehackt
> 60 ml Sherry
> 2 Eßl. Tamarisauce
> 2 Pfefferkörner
> 1 kleiner Kopf Weißkohl, gehobelt

Pansen zum Vorkochen in bissengroße Stücke schneiden und in einen Kochtopf mit so viel Wasser geben, daß der Pansen etwa 5 bis 8 cm bedeckt ist. Salz und Zitronenscheiben hineingeben, das Ganze bei starker Hitze zum Kochen bringen, dann 3 bis 4 Minuten kochen. Pansen abgießen. Diesen Vorgang zweimal wiederholen. Beim letzten Kochvorgang die Temperatur verringern und Pansen zugedeckt köcheln lassen, bis er so weich ist, daß man mit einer Gabel einstechen kann.

Pansen abgießen und in einen Suppentopf geben. 1,3 l Wasser hinzufügen und mit starker Hitze zum Kochen bringen. Temperatur verringern und Pansen eine weitere Stunde zugedeckt köcheln lassen. Fleisch mit einem Pfannenheber herausnehmen und beiseite stellen. Karotte und Kohlrübe in den Sud geben, aufkochen und 5 Minuten, bzw. bis das Gemüse gar ist, weiterkochen. Pansen, Schalotten, Knoblauch, Sherry, Tamarisauce und Pfefferkörner hinzufügen und 15 Minuten köcheln lassen, damit die Suppe einen abgerundeten Geschmack bekommt. Kohl hinzugeben und weitere 15 Minuten kochen lassen. Warm servieren. Ergibt etwa 2,5 l Suppe.

Die von Juni bis August dauernden »Hundstage« erhielten diesen Namen im alten Ägypten, und zwar weil Sirius, der Hundsstern, während dieser 40tägigen, von plagender Luftfeuchtigkeit und sengender Hitze geprägten Wetterperiode sichtbar ist. Man glaubte, dieser Stern würde die Sonne heißer werden lassen und damit zu den kochenden Temperaturen beitragen. Dem Aberglauben zufolge bestand in diesem Zeitraum eine größere Gefahr, daß Dämonen von Hunden Besitz ergriffen und Hunde bissig und tollwütig würden.

> Bissige Hunde und Engländer gehen
> in der Mittagshitze aus.
>
> *Noel Coward*

Welker Hundstage-Salat

2 Eßl. *Olivenöl*
  1 *Knoblauchzehe, sehr fein gehackt*
  1 *Kopf Eisbergsalat, in Stücke geschnitten*
300 g *frische bzw. tiefgekühlte grüne oder helle Erbsen*
   oder gehackter Brokkoli
150 g *gekochtes mageres Fleisch bzw. gekochter magerer*
   Fisch, in bissengroßen Stücken
  1 *Würfel Rinderbouillon, aufgelöst in 250 ml heißem*
   Wasser
¼ Tl. *getrockneter Thymian*

Öl bei mittlerer Hitze in einer Pfanne heiß machen, Knoblauch hineingeben und anbräunen. Salat hinzugeben und anbraten, bis die Blätter schlaff werden. Erbsen, Fleisch bzw. Fisch, Bouillonmischung und Thymian hinzufügen, Hitze erhöhen und das Ganze zum Kochen bringen. Kochen, bis alle Zutaten heiß sind. Warm oder kalt, ohne Beilage oder über mit im Dampf gegartem Reis bzw. Fladenbrocken servieren. Ergibt ca. 900 g Salat.

Dieses Rezept kann solange benutzt werden wie nötig, um einem stumpfen, trockenen Fell wieder Pep zu geben. Einfach über die Kost Ihres Hundes geben, und im Handumdrehen bekommt sein Fell wieder Glanz und Gesundheit.

Goldenes Hautelixier

```
250 ml  Hühnerbrühe (Seite 128)
     1  hartgekochtes Ei, in der Schale
  50 g  Weizenkeime
1 Eßl.  Bierhefe
   1/2  Knoblauchzehe, gepreßt
2 Eßl.  Maiskeimöl
```

Brühe, Ei mit Schale, Weizenkeime, Bierhefe, Knoblauch und Öl in Mixer oder Küchenmaschine geben und pürieren. Über das Essen des Hundes geben. Ergibt ca. 350 ml Elixier.

Dieses nährstoffreiche Gericht mit dem hochwertigen Eiweiß der Leber und den Ballaststoffen und komplexen
Kohlenhydraten der verschiedenen Gemüse würzt man
am besten leicht mit Tamarisauce und einem kleinen Schuß
Sherry. Eine wohlschmeckende Mahlzeit erhalten Sie,
wenn Sie Brotstücke in der Brühe ziehen lassen.

Eintopf »Silberschnauze«

    500 g Hähnchenmägen
  2 Eßl. Butter
        4 Kartoffeln, in 1 bis 2 cm große Stücke geschnitten
        2 Zwiebeln, gehackt
        2 Karotten, gehackt
        1 Stange Staudensellerie, in dünnen Scheiben
  1 Eßl. getrockneter Oregano
           Salz
           frisch gemahlener Pfeffer
        1 große Dose (1400 ml) fertige Hühnerbrühe oder
           1,4 l Hühnerbrühe (Seite 128)
     75 g Gerste bzw. Nacktgerste
  2 Eßl. Tamarisauce
  2 Eßl. trockener Sherry
           Brotscheiben, in 2 bis 3 cm große Quadrate ge-
           schnitten

Hähnchenmägen in einen Kochtopf geben, mit Wasser bedecken und bei starker Hitze zum Kochen bringen. Temperatur verringern und Mägen im offenen Topf 45 Minuten
köcheln lassen, dabei nach Bedarf Wasser zugeben. Hähnchenmägen abgießen, den Sud aufheben, Fleisch in bissengroße Stücke schneiden.
Mägen und Kochflüssigkeit, Hühnerbrühe und Gerste in
einen Suppentopf geben und zum Kochen bringen. Tem-

peratur verringern und Suppe zugedeckt 30 Minuten, bzw. bis die Gerste gar ist, köcheln lassen.

In der Zwischenzeit bei mittlerer Hitze Butter in einer Pfanne zerlassen. Kartoffeln, Zwiebeln, Karotten und Sellerie hinzufügen und anschwitzen, bis die Gemüse alle in der Butter gewendet wurden und ein wenig weich sind. Während das Gemüse kocht, Oregano hinzugeben und mit Salz und Pfeffer abschmecken.

Gemüse in die Suppe geben, Tamarisauce und Sherry einrühren und weitere 15 Minuten kochen. Brotstücke in den Napf legen und mit einem Löffel Brühe und Gemüse darübergeben. Ergibt ca. 3 l Suppe.

Nudeln sind ein ausgezeichnetes Nahrungsmittel für den alternden Hund. Sie sind zudem vielseitig: Sie können sie mit Hähnchen, Rindfleisch oder Wurst zubereiten. Wenn Ihr Hund Extrakalorien braucht, machen Sie dazu eine fettreiche Cremesauce mit viel Butter. Ob heiß oder kalt, Nudeln sind ein Lieblingsessen für Hunde jeden Alters. Dem Hund ist die Form der Nudeln egal. Sie werden jedoch feststellen, daß kurze Nudeln, im Gegensatz zu den herkömmlichen langen Spaghetti, im Napf bleiben.

Seniorenpasta

500 g Nudeln
2 Eßl. Butter
2 Eßl. Mehl
375 ml Milch
150 g frisch geriebener Käse
Salz
$\frac{1}{4}$ Tl. frisch gemahlener weißer Pfeffer
300 g Hähnchenfleisch ohne Knochen, gewürfelt

Nudeln nach der Packungsanweisung kochen, abschrecken, abtropfen lassen. In einer großen Rührschüssel beiseite stellen.

In einem kleinen Kochtopf Butter bei mittlerer Hitze zerlassen. Mehl einrühren und mit Schneebesen umrühren, bis es anfängt, goldgelb zu werden. Bei mittlerer Hitze nach und nach unter ständigem Rühren Milch zugießen, kochen lassen, bis die Sauce eingedickt ist. Käse und Pfeffer hineingeben, mit Salz abschmecken.

Hähnchen zu den Nudeln geben, Sauce hinzugießen und gut mischen. Warm servieren. Reste können im Oberteil eines zweiteiligen Topfs im Dampf oder im Mikrowellenherd aufgewärmt werden. Ergibt ca. 2,5 Pfd. Nudeln mit Sauce.

Der älteste im »Guiness-Buch der Rekorde« verzeichnete Hund hieß Bluey, war aus dem australischen Bundesland Queensland und wurde 29 Jahre und fünf Monate alt. Umgerechnet in Menschenjahre dürfte das ein Alter von beinahe 150 Jahren sein. Der über viele Jahre aktiv gebliebene Bluey arbeitete mehr als zwei Jahrzehnte lang als Hütehund für Schafe und Rinder.

Nudelkasserolle à la Methusalem

  4 Eßl. Butter
500 g mageres Truthahnfleisch ohne Knochen, in bissen-
         große Stücke geschnitten
500 g Eiernudeln
500 ml Milch
250 ml Hühnerbrühe (Seite 128)
  75 g geriebener milder Chester
  2 Eßl. gehackte Petersilie
  75 g Semmelbrösel
     2 hartgekochte Eier, grob gehackt

Den Backofen auf 180 Grad vorheizen und eine ovale Auflaufform von 33 x 23 cm einfetten.
Bei mittlerer Hitze 2 Eßl. Butter in einer Pfanne zerlassen. Truthahnfleisch hineingeben und braten, bis es leicht angebräunt und gar ist. Beiseite stellen.
Nudeln nach Packungsanweisung kochen. Abtropfen lassen und in eine große Rührschüssel füllen.
Bei mittlerer Hitze Milch und Brühe in einem kleinen Kochtopf erwärmen. Käse hineingeben und unter ständigem Rühren kochen lassen, bis der Käse geschmolzen ist.
Die restlichen 2 Eßl. Butter in einer kleinen Pfanne bei mittlerer Hitze zerlassen, Semmelbrösel hineingeben und durch Schwenken der Pfanne mischen.

Truthahn und Käsesauce zu den Nudeln geben und gut mischen. Das Ganze in die vorbereitete Form füllen und mit den hartgekochten Eiern und den Semmelbröseln bestreuen. 45 Minuten, bzw. bis der Auflauf gebräunt ist und Blasen wirft, backen lassen. Ergibt ca. 4 Pfd. Nudelauflauf.

Vorbeugung mit Vierbeinern

Es wurde festgestellt, daß Haustiere in Altenheimen und Gefängnissen und bei psychiatrischen Symptomen eine therapeutische Wirkung besitzen. Die Forschung belegt, daß Haustiere einen meßbar positiven Einfluß auf die Gesundheit ihrer Eigentümer ausüben. In einer 1980 veröffentlichten Studie über Herzkrankheiten wurde festgestellt, daß Menschen, die Haustiere hatten, länger lebten als solche, die keine hatten. Die Haltung eines Haustieres kann eine beruhigende Wirkung auf einen unter Bluthochdruck leidenden Menschen haben und mithelfen, den erhöhten Blutdruck zu senken.

Dieses Gericht, eines der Lieblingsgerichte Emilys, ist reich an Kohlenhydraten und geht auf die Vorliebe älterer Hunde für Süßes ein.

Emilys exzentrischer Pudding

        4 Eßl. Butter, zerlassen
          40 g Zucker
             2 große Eier, getrennt
        250 g Hüttenkäse
      500 ml Milch
         1 Tl. Vanilleextrakt
          ½ Weißbrot in Scheiben (ca. 10 Scheiben)
                 Rosinen
                 frisch geriebene Muskatnuß

Butter, Zucker, Eiweiß, Hüttenkäse, 125 ml Milch und Vanilleextrakt in eine große Rührschüssel geben und mit einem Holzlöffel gut verrühren. Ergibt eine sämige Masse. Brotscheiben halbieren, die Teile in einer einzigen Schicht in eine flache Auflaufform legen und mit den restlichen 330 ml Milch übergießen. Etwa 5 Minuten warten, bis das Brot sich vollgesaugt hat.

Den Backofen auf 180 Grad vorheizen und eine Auflaufform von 33 x 23 cm buttern.

Brot aus der Milch herausnehmen, Milch aufheben. Brotscheiben abwechselnd mit der Hüttenkäsemischung in die Form schichten, dabei jede Schicht Hüttenkäse mit einigen Rosinen bestreuen.

Eigelb verquirlen. Die nicht vom Brot aufgesaugte Milch hinzugeben und gut mischen. Diese Mischung über Brot und Käse gießen, mit Muskat bestäuben und 30 bis 40 Minuten backen. Warm servieren. Ergibt ca. 1,8 Pfd. Pudding.

Wenn Ihr Haushaltsgeld Ihnen Heilbutt-Steaks erlaubt, können Sie Ihren Hund mit diesem fein mit Korianderblättern gewürzten Gericht in Verzückung versetzen.

Gegrillter Heilbutt

1000 g Heilbutt-Steaks ohne Gräten
  60 ml Olivenöl
        Saft einer Zitrone
250 ml frische oder fertige passierte Tomaten, ungesalzen
  2 Eßl. gehackte frische Korianderblätter
        im Dampf gegarter Reis

Grill vorheizen. Fisch waschen, nach Gräten absuchen und diese gegebenenfalls entfernen. Fisch auf den Grillrost legen, mit Olivenöl und Zitronensaft bepinseln und grillen, währenddessen Fisch einmal wenden und erneut bepinseln. Als Garzeit 4 Minuten pro Zentimeter Dicke einrechnen.
Während der Fisch grillt, passierte Tomaten in einem kleinen Kochtopf bei mittlerer Hitze erwärmen. Heilbutt in den Napf geben, mit Sauce übergießen und mit Koriander bestreuen. Ergibt ca. 1 kg Fisch mit Sauce.

Tintenfisch liefert pro Pfund mehr Eiweiß als ein ausgesuchter Rinderbraten aus der Fehl- oder Hochrippe. Diese leichte Suppe mit ihrem feinen Geschmack befriedigt den hin und wieder beim Hund auftretenden Heißhunger auf Fisch, ohne ihn der Gefährdung durch Gräten auszusetzen.

Tintenfischsuppe

1000 g Tintenfisch
1 l Fischbrühe
2 Schalotten, gehackt
2 Eßl. Butter oder Margarine
1 Eßl. Tamarisauce
Reisbällchen (Seite 271)

Tintenfisch ausnehmen bzw. beim Kauf vom Fischhändler ausnehmen lassen und Tentakel aufheben.

Tintenfisch gut waschen und in 1 bis 2 cm große Stücke schneiden. In einem Suppentopf oder einem großen Kochtopf die Fischbrühe zum Kochen bringen, Tintenfisch hineingeben und 25 Minuten köcheln lassen. Schalotten, Butter und Tamarisauce hinzugeben, dabei umrühren, bis die Butter geschmolzen ist. Mit Reisbällchen im Napf servieren. Ergibt ca. 2 l Suppe.

Reisbällchen sind die perfekte Lösung für den heiklen Esser, der es nicht mag, wenn loser Reis überall an der Schnauze klebenbleibt. Die Bällchen können auch als Belohnung bei der Ausbildung verwendet werden.

Reisbällchen

> 150 g ungekochter geschälter Sushi-Reis oder Rundkornreis oder weißer Langkornreis
> 500 ml Wasser
> Sesamsamen

Reis mit Wasser in einem Kochtopf zum Kochen bringen. Hitze verringern und Reis zugedeckt kochen lassen, bis er gar ist und klebt. Deckel abnehmen, Reis abkühlen lassen.

Wenn der Reis soweit abgekühlt ist, daß er verarbeitet werden kann, die Hände anfeuchten und Reisbällchen von ca. 4 cm Durchmesser formen. Sesamsamen auf Butterbrotpapier streuen und Reisbällchen darin rollen. Ergibt ca. 12 Reisbällchen.

Einer uralten Legende zufolge tat sich während der Schöpfung der Welt durch eine gigantische Erschütterung die Erde in ihrer Mitte auf: Auf der einen Seite befanden sich die Tiere und auf der anderen die Menschen. Der von der sich weitenden Kluft zwischen Mensch und Tier in helle Aufregung versetzte Hund wollte die Lücke mit einem Riesensatz überspringen. Es gelang ihm, den Abgrund zu überwinden, aber er erreichte nur den Rand und krallte sich dort nur mit den Vorderläufen fest. Der Mensch bückte sich und rettete den Hund aus dem Schlund. Seit jenem Tag ist der Hund als treuer und ergebener Freund an der Seite des Menschen, losgelöst von allen anderen Tieren.

Die Verbindung von Soja und Leber ergibt hier eine Überfülle von hochwertigem, kalorienarmem, salzlosem Eiweiß.

Tofu-Leber-Laib

>   1 Packung (500 g) fester Tofu
>   150 g gekochter Reis
>   150 g gekochte Kalbsleber, fein gehackt
>   150 g Semmelbrösel
>   1 großes Ei
>   2 Zwiebeln, fein gehackt
>   2 Eßl. Tamarisauce
>   ½ Tl. gehackter frischer Thymian
>   ¼ Tl. gehackter frischer Salbei
>   2 Eßl. Butter oder Margarine, zerlassen

Tofu am Vorabend einfrieren, dadurch verbessert sich die Konsistenz. Am Folgetag Tofu bei Zimmertemperatur auftauen lassen.

Den Backofen auf 180 Grad vorheizen und eine große Kastenform einfetten.

Tofu mit Wasser abspülen und abtropfen lassen, mit Papierküchentüchern abtupfen, mit der Hand zerbröckeln und in eine Rührschüssel geben. Reis, Leber, Semmelbrösel, Ei, Zwiebeln, Tamarisauce, Thymian und Salbei zugeben, gut mischen und dabei Wasser nachgießen, wenn die Masse zu trocken ist. Die Masse in die Kastenform füllen und 45 Minuten backen. Warm servieren. Ergibt 1 Laib.

Dies ist ein ausgezeichnetes Rezept für Hunde, deren Blut-
bildung unterstützt werden soll – da es aber viel Schmalz
enthält, ist es nichts für zu dicke Vierbeiner.

Geschmorte Leber

>   75 g Mehl Type 550
>   frisch gemahlener schwarzer Pfeffer
> 1000 g Rinderleber, in Streifen oder in Stücke geschnitten
>   3 Eßl. Schweineschmalz
>   1 Zwiebel, fein gehackt
> 125 ml trockener Weißwein
> 250 ml Grundbrühe für Hunde (Seite 127)
>   4 Körner schwarzer Pfeffer
>   1 Lorbeerblatt
>   Fladenbrocken (Seiten 118 bis 123)

Mehl mit Pfeffer nach Geschmack mischen. Leber darin
wenden und auf allen Seiten gut bemehlen.
Schmalz bei mittlerer bis starker Hitze in einem Bräter
zerlassen, Leber hineingeben und von allen Seiten gut
anbräunen. Zwiebeln, Wein, Brühe, Pfefferkörner und Lorbeerblatt hinzufügen. Bräter zudecken und zum Köcheln
bringen. Zugedeckt 1 Stunde, bzw. bis das Ganze gar ist,
köcheln lassen.
Leber in bissengroße Stücke schneiden und mit Sauce über
Fladenbrocken servieren. Ergibt ca. 1100 g Leber.

Dies ist ein schmackhaftes, gut gewürztes Gericht, das Ihr Hund trotz des niedrigen Fleischanteils köstlich findet.

Torte »Nierenschoner«

1 Eßl. Maiskeimöl
150 g Brokkoli-Röschen, grob gehackt
1 Eßl. frische Oreganoblätter
1 Tl. frische Thymianblätter
1 Tl. gehackte Petersilie
300 g gekochter Reis
75 g gekochtes Rinderhackfleisch
1 hartgekochtes Ei, grob gehackt
ungebackener Boden für eine ungedeckte Torte von 23 cm Durchmesser
2 Eßl. Speisestärke
250 g Hühnerbrühe (Seite 128)

Den Backofen auf 205 Grad vorheizen.
Öl bei mittlerer Hitze in einer kleinen Pfanne heiß machen. Brokkoli, Oregano, Thymian und Petersilie hinzugeben, 4 bis 5 Minuten, bzw. bis der Brokkoli eben gar ist, dünsten. Brokkoli in eine Rührschüssel umfüllen. Reis, Rindfleisch und Ei hinzufügen und gut durchmischen. Die Masse mit einem Schaber auf den Tortenboden geben.
Speisestärke in einer kleinen Schüssel mit ein wenig Brühe verrühren, dann restliche Brühe in die Schüssel geben. Die Mischung über die Tortenfüllung gießen und die Torte 30 Minuten backen. Vor dem Servieren abkühlen lassen. Ergibt eine Torte von 23 cm Durchmesser.

Reis, Bohnen und Tortillas geben diesem Gericht seinen Reichtum an komplexen Kohlenhydraten. Zudem sind die Bohnen eine gute Quelle für Kalium, das zur optimalen Funktion des Nervensystems Ihres Vierbeiners notwendig ist.

Mexikanischer Bohnen-Reiseintopf

      150 g ungekochter Naturreis
      625 ml Wasser
        1 Eßl. Maiskeimöl
      150 g Rinderhackfleisch
          1 Zwiebel, gehackt
          1 grüne Paprikaschote, gehackt
          1 Stange Staudensellerie, gehackt
      150 g gekochte Kidneybohnen
      250 ml Grundbrühe für Hunde (Seite 127)
        2 Eßl. gehackte Petersilie
      $\frac{1}{2}$ Tl. gehackte frische Korianderblätter
        1 Tl. Chilipulver
      $\frac{1}{2}$ Tl. Kreuzkümmelpulver
       75 g Maiskörner
              im Dampf gegarte Tortillas
       75 g geriebener Chester

Reis mit dem Wasser in einem Topf zum Kochen bringen, Temperatur verringern und Reis 45 Minuten, bzw. bis er gar ist, zugedeckt köcheln lassen.
Öl in einer Pfanne bei mittlerer Hitze heiß machen, Rindfleisch hineingeben und anbraten, dabei Fleisch mit einem Holzlöffel zerbröckeln. Zwiebeln, Paprika und Sellerie hineingeben und anbraten, bis die Zwiebeln glasig sind. Petersilie, Koriander, Chilipulver, Kümmelpulver, Bohnen und Brühe hinzugeben und zum Kochen bringen.

Hitze verringern und Eintopf 15 Minuten offen köcheln lassen. Mais hinzugeben und weitere 5 Minuten köcheln lassen.

Tortillas in bißgerechte Stücke zerrupfen und in den Eintopf einrühren. Auf einem Teller oder im Napf ein Reisbett vorbereiten, Eintopf mit einem Löffel daraufgeben und mit Käse bestreuen. Ergibt ca. 2 l Eintopf mit Reis.

Hirse ist ein Getreide, das vollgestopft ist mit Vitamin B_1, einem Vitamin, welches in der Regel bei den meisten im Handel erhältlichen Nahrungsmitteln durch Wärme und Lagerung verlorengeht. Es gibt eine Theorie, derzufolge dieses Vitamin einen als Flohvorbeugung wirksamen Bestandteil besitzt.

Bohnen-Leber-Kasserolle

250 g *Rinderleber, in 2 bis 3 cm große Stücke geschnitten*
Mehl Type 550
frisch gemahlener schwarzer Pfeffer
150 g *gekochte Kidneybohnen*
1 *Zwiebel, gehackt*
150 g *grüne Bohnen, in 2 bis 3 cm lange Stücke geschnitten*
1 *Karotte, grob gehackt*
150 g *Hirse*
750 g *Grundbrühe für Hunde (Seite 127)*
Brot

Den Backofen auf 180 Grad vorheizen und eine Kasserolle von 2 l Fassungsvermögen einfetten.
Leber bemehlen, anschließend mit gemahlenem Pfeffer bestreuen. Leber und Kidneybohnen in die vorbereitete Kasserolle geben. Zwiebeln, grüne Bohnen und Karotte über Leber und Kidneybohnen verteilen. Über das Ganze die Hirse streuen und so viel Brühe hinzugießen, daß alle Zutaten damit bedeckt sind. Kasserolle abdecken und 1 Stunde garen lassen. In regelmäßigem Abstand überprüfen, daß die Flüssigkeit nicht verkocht ist, und bei Bedarf Wasser oder Brühe nachfüllen. Über Brotstückchen servieren. Ergibt etwa 1,5 l Eintopf.

Die Kombination aus Gerste und Hüttenkäse ergibt hier eine sämige, milde und nahrhafte Suppe, die sich besonders dazu eignet, in kleinen Mengen an einen genesenden Hund verfüttert zu werden.

Suppe »Weideglück«

2 Zwiebeln, dünn geschnitten
1 Pastinake, in dünne Scheiben geschnitten
1 Karotte, in dünne Scheiben geschnitten
75 g Gerste
500 ml Hühnerbrühe (Seite 128)
500 g Hüttenkäse
75 g Maiskörner
750 ml Milch
1 Eßl. Tamarisauce
$\frac{1}{2}$ Tl. frisch gemahlener weißer Pfeffer
$\frac{1}{2}$ Tl. Paprikapulver

Zwiebeln, Pastinake und Karotte in den Korbeinsatz eines Dampftopfs geben und zugedeckt über kochendem Wasser 10 Minuten, bzw. bis das Gemüse weich ist, garen. Beiseite stellen.
Gerste und Brühe bei starker Hitze in einem Topf zum Kochen bringen. Temperatur verringern und Gerste 30 Minuten zugedeckt, bzw. bis sie weich ist, kochen. Gerste samt Kochflüssigkeit in einen Suppentopf umfüllen. Hüttenkäse, Milch, Tamarisauce und Pfeffer hinzufügen. Das Ganze zu einem leisen Köcheln bringen, aber nicht aufkochen lassen, im Dampf gegartes Gemüse hinzufügen. 10 Minuten, bzw. bis die ganzen Zutaten heiß sind und sich die Aromen der Zutaten harmonisch verbunden haben, köcheln lassen. Mit Paprika bestäubt in einer Schüssel servieren. Ergibt ca. 2,3 l.

Die Mischung von Weißkohl, Rindfleisch und Fladenbrocken ergibt ein Gericht, das reich an Eiweiß, Ballaststoffen und komplexen Kohlenhydraten ist.

Weißkohl und Fladenbrocken mit Rindfleischsauce

2 Zwiebeln, in dünne Scheiben geschnitten
1 mittelgroßer Weißkohl, gehackt
150 g Erbsen
250 g mageres Rinderhackfleisch
1 Eßl. Butter (wahlweise)
1 Eßl. Mehl
250 ml Grundbrühe für Hunde (Seite 127)
1 Eßl. Worcestersauce, Fladenbrocken (Seiten 118 bis 123)

Zwiebeln, Kohl und Erbsen in den Korbeinsatz eines Dampftopfs geben und 10 Minuten, bzw. bis die Gemüse weich sind, zugedeckt über kochendem Wasser garen. Gemüse in eine große Rührschüssel umfüllen.
Während das Gemüse kocht, Rindfleisch in eine kalte Pfanne geben und bei mittlerer Hitze anbraten, bis es krümelig ist, dabei das Fleisch mit einem Holzlöffel zerbröckeln. Rindfleisch mit einem Pfannenheber aus der Pfanne nehmen und beiseite stellen. Wenn in der Pfanne nur sehr wenig Fett verbleibt, Butter hinzugeben und bei mittlerer Hitze zerlassen. Mehl einrühren und unter ständigem Rühren erhitzen, bis es ganz leicht angebräunt ist. Langsam, unter stetem Rühren, Brühe hinzufügen und bei mittlerer Hitze kochen, bis die Sauce eingedickt ist, dabei angesetzte braune Stückchen vom Boden lösen. Worcestersauce und angebratenes Fleisch hineingeben.
Die fertige Sauce zum Gemüse geben und gut mischen. Auf einem Teller ein kleines Bett Fladenbrocken anrichten und mit einem Löffel Gemüse und Sauce daraufgeben. Warm servieren. Ergibt ca. 1,2 l Gemüse mit Sauce.

Stichwortverzeichnis

Hund und Katz

(82024)

(82061)

(82025)

(82078)

(76014)

(2794)